Themenhefte Philosophie

Altern – Sterben – Tod

Cordula Möller | Markus Tiedemann (Hrsg.)

Verlag an der Ruhr

Impressum

Titel
Themenhefte Philosophie – Altern, Sterben, Tod

Autorin
Cordula Möller

Herausgeber
Markus Tiedemann

Titelbildmotiv
© Artem Mazunov – Fotolia.com

Bildnachweis Innenteil

akg-images
S. 9: (oben) © Album, (unten) © Album/DE LINE PICTURES; S. 10: © Archiv Mehrl; S. 13: © akg-images;
S. 14: © Erich Lessing; S. 18: © Paul Almasy; S. 19: © Mark De Fraeye; S. 20: © Roland and Sabrina Michaud;
S. 21: © Universal Images Group/Philippe Lissac/Godong; S. 36: (unten), (oben) © bilwissedition;
S. 37: © Mondadori Portfolio/Sergio Anelli; S. 38: © Jürgen Raible; S. 39: (oben); S. 43: © Marion Kalter

Fotolia
S. 23: © Thomas von Stetten; S. 28: © James Steidl; S. 32: © Cmon; S. 39: (unten) © udra11; S. 40: © BildPix.de

Sonstige
S. 8: © Birgit Jochens, Deutsche Weihnacht, Nicolaische Verlagsbuchhandlung GmbH, Berlin;
S. 42: © www.stevenflier.com; S. 45: © Bernd Zeller

Lektorat
Dr. Bettina Kratz-Ritter

Verlag an der Ruhr
Mülheim an der Ruhr
www.verlagruhr.de

Geeignet für die Klassen 9–10

ISBN 978-3-8346-2771-1

Printed in Germany

Inhaltsverzeichnis

Einführung: Zur Erschließung der Unterrichtsreihe(n) 4
Einführung: Didaktisch-methodische Anmerkungen 5

Altern – Leben im Wandel 8
Älter werden – Veränderungen durchlaufen 8
Angst vor dem Alter 9
Altern hat positive und negative Seiten 10

Der Tod als Teil des Lebens – eine kreative Einstimmung 13
Totentänze – jeder tanzt mit 13

Leben mit dem Tod 14
Der Lauf des Lebens 14
Bestattungskultur im Wandel 16
Umgang mit Verstorbenen in anderen Ländern 18

Umgang mit dem Tod – philosophische Positionen 23
Epikur und Seneca 23
Michel de Montaigne 25
Martin Heidegger 27

Der Tod im Lichte der Wissenschaft 28
Hirntod – eine recht neue Definition und ihre Folgen 28

Sterbehilfe, eine schwierige Entscheidung 31
Rechtlich-kulturelle Aspekte in Deutschland und anderswo 31
Tod in Würde oder Gefahr? 33
Rollenspiel: Aktive Sterbehilfe auch in Deutschland? 35

Dem Tod ganz nah – Grenz- und Nahtoderfahrungen 36
Nahtod: schönes Erlebnis oder Täuschung? 36

Abschied und Trauer – den Tod verarbeiten 38
Ist Trauer notwendig? 38

Die Bedeutung des Lebens angesichts des Todes 41
Unsterblich sein 41
Den Tod überleben – jenseits von Unsterblichkeitsfantasien 44

Vom Sterben zum Tod: Letzte Momente, und was wir aus ihnen lernen 45
Wünsche Sterbender 45

Lernerfolgskontrolle 47
Philosophischer Essay zu einem Zitat 47

Medientipps 48

Einführung

Zur Erschließung der Unterrichtsreihe(n)

Sterben und Tod sind **selbstverständliche Prozesse des menschlichen Lebens**, doch gehören sie gleichzeitig zu dessen **rätselhaftesten Aspekten.** Da es schwer fällt, gar unmöglich erscheint, sie sich vorzustellen, werden sie von Schülern[1] oftmals als bekannt abgetan und gedanklich nicht durchdrungen. Ein weiterer Grund für dieses Wegschieben könnte die Grundbefindlichkeit der Angst angesichts des eigenen Endes sein.
In der Unterrichtseinheit ist es daher wichtig, **behutsam mit Ängsten und eventuellen Abwehrreaktionen umzugehen.** Klar sollte sein, dass dieses Thema uns alle angeht und die Beschäftigung damit nicht das Ziel verfolgt, das eigene Unbehagen zu vertiefen, sondern im Gegenteil, **die eigene Lebensgestaltung zu bereichern.**

Das Themenheft bietet **verschiedene Möglichkeiten der Auseinandersetzung mit dem Thema.** Zunächst wird der Blick auf das Altern im Sinne einer Annäherung an das Ende geworfen: Was heißt es eigentlich, älter zu werden? Wie fühlt man sich, wenn der Tod näher rückt? Der geraffte Lebenslauf ermöglicht den Schülern eine Vorstellung von Vergänglichkeit. Hieran schließt sich die Frage an, ob Altern an sich nur negativ zu sehen ist.
Der **Einstieg** in die Beschäftigung mit der Thematik soll kreativ erfolgen: Welche Bilder vom Tod habe ich im Kopf? Was habe ich dem Tod zu sagen? Solche und ähnliche Fragen können z. B. in einem Schreibgespräch vertieft werden.
Nach dieser ersten Sichtung folgt ein **Blick auf unsere Gesellschaft** und ihren Umgang mit dem Tod: Verdrängen wir den Tod? Wie sieht ein guter/besserer Umgang mit ihm aus? Welche Wandlungen sind zu beobachten? Wie sind sie zu bewerten? Können wir aus dem Blick auf andere Kulturen lernen?
Bereichernd ist das Heranziehen **philosophischer Gesprächspartner**, klassische wie moderne Positionen werden dabei berücksichtigt. Zentrale Fragen sind: Wie lässt sich ein gutes Leben angesichts des Todes gestalten? Kann man lernen, zu sterben? Ist dies sinnvoll? Leben die meisten Menschen ein uneigentliches Leben? Kann es einen glücklichen Tod geben?
Anschließend geht es um die **ethischen Aspekte des Themas**: Zunächst wird das Stichwort Organtransplantation aufgegriffen: Wann ist man eigentlich tot, und was bedeutet dies für eine Organspende? Würde ich einen Spenderausweis tragen? Es folgt das Stichwort Sterbehilfe: Was heißt Sterbehilfe? Welche Argumente prägen die aktuelle Debatte? Wie stehe ich dazu? Rollenspiele ermöglichen es den Schülern, in die Perspektive Betroffener zu schlüpfen.
Um diese geht es auch bei den Erfahrungsberichten von Grenz- und Nahtoderfahrungen, die zu einer für Schüler interessanten, wenn auch teils spekulativen, Auseinandersetzung mit dem „Danach" führen.
Die Aspekte **Trauer und Unsterblichkeit** runden die Thematik ab und bieten erneut Anlass für kontroverse Diskussionen: Trauern alle Menschen gleich?
Ist eine lange Trauerphase krankhaft? Gibt es gute Gründe, sich Unsterblichkeit zu wünschen? Gibt es etwas, das mich unsterblich macht, auch wenn ich nicht mehr lebe?
Den Abschluss bildet die Beschäftigung mit der Frage nach dem Tod: Was bereuen Menschen und warum? Wie hätten sie leben sollen? Wie sollte ich leben?

Die Materialien sind insgesamt so angelegt, dass die Schüler ausgehend von ihrem Vorwissen und einer ersten Positionierung durch **Beschäftigung mit problemorientierten Aufgabenstellungen** zu einer **vertieften Sicht** gelangen. Im Mittelpunkt steht das selbstständige Philosophieren mit seiner prozesshaften Entwicklung (Begreifen und Entwickeln, Erörtern und Erproben, Beurteilen und Bewerten). Die vorgeschlagenen Methoden (*Gruppenpuzzle, rotierendes Partnergespräch, Schreibgespräch, Begriffsnetz, Gedankenexperiment, Rollenspiel, Statement*) verstehen sich als philosophisches Handwerkzeug, auf das auch in anderen Unterrichtszusammenhängen zurückgegriffen werden kann.

[1] Aus Gründen der besseren Lesbarkeit haben wir in diesem Buch durchgehend die männliche Form verwendet. Natürlich sind damit auch immer Frauen und Mädchen gemeint, also Lehrerinnen, Schülerinnen etc.

Didaktisch-methodische Anmerkungen

Lerninhalte	Didaktisch-methodische Anmerkungen
Altern – Leben im Wandel *personale Perspektive* *gesellschaftliche Perspektive* *ideengeschichtliche Perspektive* (ca. 6 Unterrichtsstunden)	Die Schüler sollen das Leben als Prozess nachvollziehen können. Wichtig ist, ihrer Betroffenheit Raum zu geben. Dass Altern und Sterben zum Leben gehören, mag ihnen meist klar sein – was aber noch lange nicht bedeutet, dass sie dieses Wissen konkret auf sich beziehen. Die Bilder zeigen ein im Boulevardbereich aktuelles Thema: Altsein und altersbedingte körperliche Veränderungen – inakzeptabel für viele Prominente! Solchen öffentlichen Vorbildern folgend, greifen auch hierzulande immer mehr Menschen auf Mittel wie Botox zurück. Die Schüler überlegen, welche Gründe das Altsein als nicht akzeptabel erscheinen lassen und prüfen, ob diese berechtigt sind. Mit dem Marquard-Text erhalten sie Einblick in die philosophischen Reflexionen eines alten Menschen, der mit der Beurteilung dieses Lebensabschnitts sehr differenziert umgeht. Was es heißt, alt zu sein, sollen die Schüler anhand eines *Gedankenexperiments* selbst erleben und hiervon ausgehend den Umgang von Jung und Alt diskutieren.
Der Tod als Teil des Lebens – eine kreative Einstimmung *personale Perspektive* *gesellschaftliche Perspektive* (ca. 3 Unterrichtsstunden)	Nach Thomas Macho hat „die Unvorstellbarkeit [des Todes] keine Resignation, sondern vielmehr einen gewaltigen Sturm von Bildern und Visionen ausgelöst." (Thomas Macho: Die neue Sichtbarkeit des Todes, 2007.) In Anlehnung an diese These erfolgt der Einstieg ins Thema mithilfe kreativer Aufgaben. Der mittelalterliche Totentanz zeigt, dass jeder von uns irgendwann betroffen ist und es kein Entrinnen gibt. Durch eigene, moderne Fassungen beziehen die Schüler diese Einsicht auf den heutigen Alltag. Die kreativ-spekulative Herangehensweise bietet ein befreiendes Moment im Umgang mit dem Tod.
Leben mit dem Tod *gesellschaftliche Perspektive* *personale Perspektive* (ca. 2 Unterrichtsstunden) Bestattungskultur im Wandel *gesellschaftliche Perspektive* *personale Perspektive* (ca. 2 Unterrichtsstunden) Umgang mit Verstorbenen in anderen Ländern *gesellschaftliche Perspektive* *personale Perspektive* (ca. 2 Unterrichtsstunden)	Erste Gedanken und Überlegungen werden hier vertieft und ergänzt. Die Methode des *Schreibgesprächs* richtet den Blick auf den Tod des anderen und thematisiert das Betroffensein eines jeden Menschen (auch in anderen Fächern möglich: Musik, Kunst). Der Umgang mit Sterbenden/Verstorbenen verändert sich fortwährend. Eine wesentliche Veränderung der letzten 50 Jahre betrifft den Ort des Sterbens: heute meist das Krankenhaus. Doch auch hier macht sich ein Wandel bemerkbar: Immer mehr Menschen machen Gebrauch von Online-Gedenkstätten oder Links auf Grabsteinen. Die Schüler gewinnen einen Eindruck vom Umgang mit Verstorbenen in unserer Gesellschaft: *Erlebnisbericht, Meinungsbild, kritische Stellungnahme*. Die Schüler erfahren, dass der Umgang mit den Verstorbenen stark kulturabhängig ist. Im *Gruppenpuzzle* präsentieren sie sich gegenseitig Rituale verschiedener Länder (Alternative *Rollenspiel*: Talkshow zum Thema „Umgang mit dem Tod" mit Gästen aus verschiedenen Ländern). In multikulturellen Kursen bietet es sich an, eigene Erlebnisberichte der Schüler einzubinden.

Didaktisch-methodische Anmerkungen

Lerninhalte	Didaktisch-methodische Anmerkungen
Umgang mit dem Tod – philosophische Positionen *ideengeschichtliche Perspektive* *personale Perspektive* *gesellschaftliche Perspektive* (ca. 8 Unterrichtsstunden)	Zunächst setzen sich die Schüler mit zwei sehr bekannten Positionen auseinander, die gegen unbegründete Angst und Verschwendung der Lebenszeit argumentieren und auf ihre Aktualität geprüft werden. Epikur mag auf den ersten Blick schlüssig erscheinen, bietet aber, gerade im Vergleich mit Seneca, auch Angriffsmöglichkeiten. Montaigne vermittelt einen weiteren Standpunkt. Durch *Textunterbrechung* und Fortsetzung sollen die Schüler Perspektive und Argumentation des Philosophen übernehmen und ausarbeiten. Im Heidegger-Text werden Situationen geschildert und eingeordnet, die den meisten Schülern bekannt sein dürften. Aufgrund der sprachlichen Komplexität ist ein Verständnis seines Textes jedoch schwierig. Als Hilfe bietet sich die Arbeit mit dem *Begriffsnetz* an.
Der Tod im Lichte der Wissenschaft *gesellschaftliche Perspektive* *personale Perspektive* (ca. 2 Unterrichtsstunden)	Die naturwissenschaftliche Sicht auf den Tod lässt die Schüler erkennen, dass es sich bei der Bestimmung des „Totseins" um ein Konstrukt handelt, den Erkenntnissen der Wissenschaften, den Fortschritten der Medizin und anderen Variablen unterworfen. Das *Rollenspiel* soll ihnen die Problematik der Diskussion um Hirntod und Organtransplantation verdeutlichen.
Sterbehilfe – eine schwierige Entscheidung *gesellschaftliche Perspektive* *personale Perspektive* (ca. 3 Unterrichtsstunden)	Das reale Fallbeispiel eines Paares, das Sterbehilfe in Anspruch nehmen will, ermöglicht kontroverse Stellungnahmen, Sichtweisen und Diskussionsimpulse: Die Eltern des Autors sind nicht beide schwer krank; der Mutter geht es vermutlich nur um die Vermeidung des Alleinseins ohne Partner. Es folgen Informationen zur aktuellen rechtlichen Lage und zu Arten der Sterbehilfe. Vor dem Hintergrund dieses Wissens sollen die Schüler ethische Positionen zur Sterbehilfe kennenlernen und sich mit diesen im *Rollenspiel* auseinandersetzen.
Dem Tod ganz nah – Grenz- und Nahtoderfahrungen *personale Perspektive* *ideengeschichtliche Perspektive* *gesellschaftliche Perspektive* (ca. 3 Unterrichtsstunden)	Wie verändert eine Erfahrung am Rande des Lebens die Sicht auf den Tod? Die Fotoreihe gibt der Auseinandersetzung mit den eigenen Vorstellungen jenseits des Todes Raum. Bei aller Spekulativität des pseudowissenschaftlichen Gebiets der Nahtoderfahrung soll die Berechtigung solcher Vorstellungen auch jenseits wissenschaftlicher Erkenntnisse nicht aus dem Blick geraten.
Abschied und Trauer – den Tod verarbeiten *gesellschaftliche Perspektive* (ca. 2 Unterrichtsstunden)	Das *Gedankenexperiment* macht die Bedeutung der Trauer für das menschliche Leben fassbar; die oft vorgenommen Festlegung ihrer Erscheinungsformen wird kritisch hinterfragt, untermauert durch den Hinweis auf ihre historische Wandelbarkeit. Hieran anknüpfend hinterfragen die Schüler die heutige Sicht auf das Gefühl der Trauer.

Didaktisch-methodische Anmerkungen

Lerninhalte	Didaktisch-methodische Anmerkungen
Die Bedeutung des Lebens angesichts des Todes *ideengeschichtliche Perspektive* *personale Perspektive* (ca. 3 Unterrichtsstunden)	Der dem Menschen natürliche Wunsch nach Unsterblichkeit kommt in den Blick. Dieser resultiert aus dem Wissen um die eigene Sterblichkeit, die das Tier so nicht kennt. Doch ist Unsterblichkeit wirklich wünschenswert? Dies wird in einem *Gedankenexperiment* erprobt, worauf die Auseinandersetzung mit Argumenten aus der Literatur folgt (Liessmann, Borges). Zum Abschluss wird die Formulierung von Statements nach festgelegten Kriterien eingeübt.
Den Tod überleben – jenseits von Unsterblichkeitsfantasien *ideengeschichtliche Perspektive* *personale Perspektive* (ca. 1 Unterrichtsstunde)	Der Verlust eines Menschen ist schwer zu ertragen. Rückert und de Winter setzten sich damit auseinander, wie der Verstorbene dennoch Teil der Lebendigen sein kann. Geht es in Rückerts Gedicht um die nie vergehende Erinnerung, zeigt de Winter in seinem Text am Beispiel der Hände seiner Mutter etwas konkret Fassbares, das die Zeit überdauert. Die beiden Texte eröffnen einen anderen Blickwinkel auf den Tod, der auch mithilfe des Zitats von Jean-Marie Lehn überdacht werden kann.
Der Tod im Lichte der Wissenschaft *gesellschaftliche Perspektive* *personale Perspektive* (ca. 2 Unterrichtsstunden)	Die naturwissenschaftlichen Sicht auf den Tod lässt die Schüler erkennen, dass es sich bei der Bestimmung des „Totseins" um ein Konstrukt handelt, den Erkenntnissen der Wissenschaften, den Fortschritten der Medizin und anderen Variablen unterworfen. Das *Rollenspiel* soll ihnen die Problematik der Diskussion um Hirntod und Organtransplantation verdeutlichen.
Vom Sterben zum Tod: Letzte Momente und was wir aus ihnen lernen *personale Perspektive* *gesellschaftliche Perspektive* (ca. 3 Unterrichtsstunden)	Die Karikatur bringt die eigene Verantwortlichkeit für die Lebensgestaltung klar zum Ausdruck. Daran anschließend setzen sich die Schüler mit den letzten Wünschen Sterbender auseinander. Was heißt diese Erkenntnis für eine konkrete Lebensphilosophie? Anschließend formulieren sie ihr Ergebnis in Form eines Lebensmottos. Die Behandlung der Lakotta/Schels-Bilder hängt von der Lerngruppe ab, da das Betrachten toter Menschen in unserer Gesellschaft einen Tabubruch darstellt und die Reaktionen entsprechend extrem ausfallen können: von tiefer Erschütterung bis hin zum Angewidertsein. Es ist wichtig, dies im Vorfeld anzusprechen und die Reaktionen sensibel zu thematisieren. Hilfreich sind die Bucheinträge gerade der jüngsten Besucher: Sie bringen eine entscheidende Einsicht zu Wort, die den Menschen heute meist nicht möglich ist, da sie ihre Verstorbenen nicht zu Gesicht bekommen. Möglichkeiten kontroverser Diskussionen bietet das Stichwort „Entwürdigung" im Kommentar von F. Kuhl.
Philosophischer Essay zu einem Zitat (Lernerfolgskontrolle) *ideengeschichtliche Perspektive* *personale Perspektive* *gesellschaftliche Perspektive*	Die *Lernerfolgskontrolle* bietet den Schülern die Möglichkeit, sich eine sie persönlich ansprechende Position auszuwählen und diese auf der Grundlage des erarbeiteten Wissens in Form eines Essays zu entfalten. Die Zitate sind so gewählt, dass möglichst verschiedene Einheiten der Thematik berücksichtigt werden. Die ethischen Bereiche wurden ausgelassen. Es bietet sich an, den Essay zu Hause verfassen zu lassen, da Zeitdruck hinderlich wäre.

Älter werden – Veränderungen durchlaufen

Anna und Richard Wagner, ein Berliner Ehepaar, fotografierten sich über 40 Jahre alljährlich neben Weihnachtsbaum und Gabentisch. Hier siehst du eine kleine Auswahl der Fotos. Auf dem ersten sind sie 26 und 27 Jahre alt.

Aufgaben

1. **Beschreibe, welche wesentlichen Veränderungen dir auf den Bildern auffallen.**

2. **Versetze dich in die Rolle des Ehemanns, der sich nach dem Tod seiner Frau alle Bilder ansieht. Welche Gedanken und Gefühle könnten ihm dabei durch den Kopf gehen?**

Angst vor dem Alter

Alterslosigkeit, ein Ziel?

Cher, Schauspielerin und Sängerin, ist auf dem zweiten Foto 67 Jahre alt; das erste wurde über 25 Jahre vorher aufgenommen.

Info

Botox stammt von einer Mikrobe, genauer: Es sind die Ausscheidungen des Bakteriums Clostridium botulinum. Das Mikrobenprodukt wirkt wie ein Nervengift: Es lähmt die Muskeln. [...] Der Schönheitschirurg spritzt Botox direkt dort unter die Haut, wo die Falte sitzt. Er will jene Muskelfasern treffen, die die Falten hervorrufen. Können diese Muskeln nicht mehr arbeiten, wirkt die Haut straffer und jünger. Die Wirkung des Gifts hält drei bis sechs Monate an. Je nachdem, wie viel Bakteriengift der Arzt injiziert hat, können sich die Muskeln nur noch schwach oder gar nicht mehr zusammenziehen. Das heißt, Sie können möglicherweise nicht mehr Ihre Stirn runzeln oder eine Zornesfalte über der Nasenwurzel produzieren. Vielleicht fällt auch das Lächeln schwer.

(Quelle: www.stern.de/haut/therapie/botox-gift-glaettet-falten-639800.html)

Altwerden (Paul Nizon)

Altwerden bedeutet Bewusstsein der Todesnähe, Absonderung, Einzelhaft, Einsamkeitsanfälle und den Terror des Ausrangiert- und Abgeschriebenseins, der einen gehässig macht. Wenn ich von Besuchen zurückkomme, werde ich jedes Mal ins definitive Alleinsein gestoßen. Weil das schrecklich ist, ist selbst Beckett[1] am Ende freiwillig in ein Altersheim eingetreten.

(Quelle: http://sz-magazin.sueddeutsche.de/texte/anzeigen/37171/3/1)

Aufgaben

1. **Betrachte die Fotos genau und notiere, was dir auffällt. Kannst du die vorgenommenen Veränderungen nachvollziehen?**
2. **Sucht in Partnerarbeit nach Gründen, die die Person zu den Veränderungen veranlasst haben könnte, und beurteilt diese.**
3. **Nimm kritisch Stellung zu der Aussage: „Das Altern lässt sich nicht aufschieben."**
4. **Versuche einen Zusammenhang zwischen den bisherigen Ergebnissen und den Aussagen Paul Nizons herzustellen.**

---

[1] Samuel Beckett: bedeutender irischer Schriftsteller (1906 – 1989)

Altern hat positive und negative Seiten 1/3

Odo Marquard: Endlichkeitsphilosophisches. Über das Altern. Ein Interview

Zäsuren

Da das Alter in der westlichen Gesellschaft heute sehr viel länger dauert als früher, wird die Seniorenzeit gerne unterteilt in drei Abschnitte: erstens eine Phase, die mit dem Ruhestand beginnt und die agile Frührentner des gehobenen Mittelstands gerne mit Reisen, Bildung und Sport füllen; zweitens eine Phase des fortgeschrittenen Greisenalters, die bereits mit spürbaren körperlichen und geistigen Einschränkungen verbunden ist, und zuletzt eine Phase der erheblichen Altersschwäche, der verstärkten Hilfsbedürftigkeit. – Herr Marquard, wo stehen Sie? Gibt es Schlüsselerfahrungen, an denen Sie den Übergang bzw. Übergänge festmachen können?

Natürlich habe ich das erste Stadium des Alters mit meinen 85 Lebensjahren längst überschritten und befinde mich mittlerweile im fortgeschrittenen Greisenalter. Genau genommen befinde ich mich inzwischen bereits an der Grenze zum dritten Stadium. Seit alters her wird dieser Lebensabschnitt, der höheren Hilfsbedürftigkeit wegen, mit Recht als zweite Kindheit bezeichnet. So kontinuierlich der Alterungsprozess auch verläuft, zweifellos gibt es Schwellenereignisse, die mich von einem Stadium zum nächsten gebracht haben – und diese Schwellen machen sich hauptsachlich körperlich bemerkbar. Die Zahl der chronischen Erkrankungen und Gebrechen nahm in den letzten 15 Jahren stetig zu. Mit jedem neuen Lebensjahr wächst gleichsam die Angriffsfläche. Da sind die vermehrten Einschläge nicht weiter verwunderlich. Der Körper als Fortbewegungsmittel funktioniert nur noch eingeschränkt. Das gleiche gilt für mein Hör-, Seh- und Sprachvermögen, die ja die wichtigsten Werkzeuge eines Philosophen sind. Meine Sinne haben in hohem Maße ihre Aufnahmekraft verloren. Es gibt so viele trostlose Wahrheiten. Das Alter ist eine wacklige Geschichte, und mein hohes Alter bringt manches Hässliche, eben nicht mehr so viel Schönes.

Aufgaben

1. **Stelle dir vor, wie dein eigenes Leben mit 85 Jahren aussehen könnte, und beschreibe es. Orientiere dich hierbei am Interview.**
2. **Halte ausgehend von deinen Überlegungen fest, was man im Umgang mit älteren Menschen beachten sollte.**

Altern hat positive und negative Seiten 2/3

Altersklage

Mit dem italienischen Philosophen Norberto Bobbio formuliert, der schrieb: „Wer das Alter preist, hat ihm noch nicht ins Gesicht gesehen", bedeutet zu altern: dass alles mühsamer, anstrengender, langsamer wird und die Müdigkeit wächst. Dies ist besonders spürbar in unserer schnelllebigen Zeit, in der die alten Menschen oftmals nicht mehr mit der allgemeinen Beschleunigung mithalten können.

Ich würde es noch etwas schärfer akzentuieren: Je älter man wird, umso feindseliger erscheint die Welt um einen herum in einem ganz konkreten Sinne: Treppen sind schwerer zu erklimmen, Straßen gefährlicher zu überqueren, Pakete mühseliger zu tragen, und es bereitet einem immer mehr Mühe, das Auto zu besteigen.

Bedeutet denn Alter nicht auch Alleinsein? Je älter man wird, umso mehr Todesfälle liegen doch hinter einem. „Mein allzu langes Leben gleicht jenen römischen Straßen, die von Grabmälern gesäumt sind", schrieb Chateaubriand. Mit der Zahl der schwarzumrandeten Briefe wächst die Einsamkeit.

Das mag in vielen Fällen so sein, wenn die Menschen alleine leben. Nun habe ich das Glück, noch eine Familie um mich herum zu haben [...] und auch ein paar Freunde. Davon abgesehen beneide ich geradezu die verstorbenen Freunde und Bekannten. Sie haben es hinter sich.

Wenn man sich diese Verdrießlichkeiten des Alters vor Augen führt, dann fällt es einem nicht schwer, Aristoteles zu verstehen, der in der Rhetorik schreibt, dass alte Männer oft bösartig, mürrisch, kleinlich seien, weil sie von der Welt ausgeschlossen blieben und keine Zukunft mehr hätten. Sie seien von niedriger Gesinnung, weil es sie kränke, nicht mehr dazuzugehören, und weil sie nur noch wenige Möglichkeiten hätten. [...] Wie sehen Sie das?

[...] Als bösartig und kleinlich würde ich mich nicht bezeichnen, aber es stimmt schon: Die Gebrechen des Alters machen mich öfter mürrisch und nörgelig. [...]

Aufgabe

3. Sammelt in Partnerarbeit Ideen für ein besser gestaltetes Zusammenleben von Jung und Alt. Berücksichtigt dabei Aspekte wie gemeinsames Wohnen, gegenseitige Hilfe und überlegt, wie sich dies realisieren ließe.

Tipp

Forscht auf folgenden Seiten nach Projekten für Jung und Alt:
- www.3sat.de/page/?source=/nano/astuecke/97072/index.html
- www.forum-fuer-senioren.de
- www.taz.de/1/archiv/archiv/?dig=2005/12/10/a0247

Altern hat positive und negative Seiten 3/3

Alterslob

Wenn man nicht von senilem Ehrgeiz geplagt wird, dann kann das Alter eine Art große Ferien werden, sofern man noch halbwegs gesund, nicht verarmt und zu heiterer Gelassenheit fähig ist. Allerdings setzt das die tröstliche Erkenntnis voraus, dass es in der Welt da draußen nicht so viel zu gewinnen oder zu verlieren gibt. Die Beruhigung hierüber ermöglicht, vielleicht stärker als zuvor Freude an Kleinigkeiten zu haben. Welche sind das bei Ihnen?

Das von Ihnen eingangs genannte erste Stadium des Alters mag den Charakter großer Ferien haben. Auf das zweite Stadium trifft es schon nicht mehr zu und erst recht nicht auf das dritte. Freilich gibt es noch eine Reihe von Kleinigkeiten, die mir Freude bereiten. Von so elementaren Dingen wie Schlafen und Essen abgesehen, sind es die [...] Naturbeobachtungen. Vor allem aber erfreuen mich die Enkelkinder, die Familie. Diese soll ab und zu kommen, aber nicht zu oft.

In welchen Punkten kann man das Alter der Jugend oder dem Leben in der Mitte vorziehen? Bereits Theodor Fontane hatte Zweifel an der uneingeschränkten Vorzugswürdigkeit der Jugend. Er schrieb, vielleicht sei ja das Jugendleben schöner als das Etabliert- und Beruhigtsein. Vielleicht, vielleicht auch nicht. Man schwankt darin wie in allem, und nur das bleibt: Das Leben ist eine sonderbare Geschichte.

Sicherlich bietet das Jung- und Jüngersein klare Vorteile. Im Durchschnitt gibt es einfach weniger Gebrechen und Einschränkungen. Die Gesundheit ist normalerweise intakt, die Zukunft weitgehend offen. Hierdurch ist in jüngeren Lebensjahren auch die Bereitschaft zur Illusionsbildung größer. Aber das Etabliert- und Beruhigtsein [...] ist in der Tat auch ein großer Lebensgewinn. Wenn man das Greisenalter erreicht hat, kommt noch als weiterer Vorzug hinzu, sich nichts mehr beweisen zu müssen, ja sich unterbieten zu dürfen. Dies sorgt für mehr Gelassenheit. Man lernt über Fehler und Schwächen leichter hinwegzusehen [...].

Im Alter kann man die Dinge eher mal laufen lassen.

(Quelle: Odo Marquard: Endlichkeitsphilosophie. Über das Altern. Hrsg. v. Franz Josef Wetz. Reclam: Stuttgart 2013, S. 76ff.)

Aufgaben

4. **Erkläre, inwiefern das Alter nach Marquard neben negativen Aspekten auch durchaus positive Seiten besitzt.**
5. **Beurteile Marquards „Alterslob“: Kannst du es nachvollziehen? Begründe!**

Totentänze – jeder tanzt mit

Totentänze im späten Mittelalter

Tipp

Seht euch den Disney-Kurzfilmklassiker „Tanz der Skelette“ aus dem Jahr 1929 an, der tatsächlich zum Kassenschlager wurde: www.youtube.com/watch?v=h03QBNVwX8Q.

Info

Ende des Mittelalters entwickelte sich in ganz Europa der sogenannte Totentanz, die bildliche und literarische Darstellung eines Reigens sterbender Menschen mit dem Tod. Dieser tritt als Spielmann auf, der zum Tanz auffordert. Interessant ist, dass alle Mitglieder der Gesellschaft betroffen sind, oft steht die Berufs-/Standesbezeichnung unter dem jeweiligen Bild (z. B. „der Arzt“, „der Graf“). Unterschiede, wie alt, jung, reich, arm etc. spielen keine Rolle.

Aufgaben

1. **Betrachte die Bilder eines Totentanzes aus dem späten Mittelalter und versuche, in wenigen Sätzen ihre Aussage zu formulieren.**
2. **Gestalte alleine oder in Partnerarbeit selbst einen modernen Totentanz. Eine kleine Hilfe kann dir die Darstellung von Jules Wenzel (unter www.juleswenzel.de/totentanz) geben.**
3. **Präsentiere deinen Totentanz in der Klasse.**
4. **Der Tanz mit dem Tod ist ein sehr verbreitetes Motiv in Kunst, Musik und Literatur. Überlegt gemeinsam, was es so beliebt und interessant macht.**

Der Lauf des Lebens 1/2

Urs Widmer (1938–2014): Die heiteren Toten

Man sagt, dass jeder Mensch ab seinem, sagen wir, vierzehnten Lebensjahr bis weit über sein fünfundachtzigstes hinaus einmal am Tag an die Liebe denkt, und das, was man in ihr tut, und an den Tod. Jede und jeder, jeden Tag. Liebe und Tod. Bei mir stimmt der Befund. Beziehungsweise, was heißt hier einmal! Nahezu ständig und fast immer! [...] Der Tod, natürlich, ist ein weit größeres Rätsel. Mit ihm haben wir [...] naturgemäß keine praktische Erfahrung. Man stirbt nur einmal, das dafür mit Garantie. Der Tod bleibt der Skandal allen Lebens. Nichts, nichts, nichts ist unverstehbarer als der Tod. Die meisten von uns machen eines Tages – in fortgeschrittenem Alter oft, und durchaus überrumpelt – die Erfahrung, dass wir Menschen erst erwachsen werden, unheilbar erwachsen, wenn Vater und Mutter tot sind. Wenn niemand mehr vor uns geht; kein Lebender jedenfalls. Wenn wir plötzlich selber der Anführer jener unabsehbar langen Säumerkolonne sind, die seit ewig durch die Jahrhunderte wandert und deine Familie ist. Dein Klan. Hinter dir gehen die Lebenden, vor dir die Toten. Die Lebenden, die hinter dir, siehst du nicht mehr so deutlich wie zuvor, sie gehen ja hinter dir, und du schaust nach vorn, und zudem sind die aus der Enkelgeneration schon recht weit hinten. Die Toten dafür erkennst du immer besser, diesen sich am Horizont verlierenden Schattenzug aus Vorfahren, lebendig einmal auch sie.

(Quelle: Urs Widmer: Das Geld, die Arbeit, die Angst, das Glück. Copyright © 2002, 2004 Diogenes Verlag AG Zürich)

Gustav Klimt

 © Verlag an der Ruhr | Autorin: Cordula Möller | ISBN 978-3-8346-2771-1 | www.verlagruhr.de

Der Lauf des Lebens 2/2

Mascha Kaléko (1907 – 1945): Memento (1944)

Vor meinem eignen Tod ist mir nicht bang,
Nur vor dem Tode derer, die mir nah sind.
Wie soll ich leben, wenn sie nicht mehr da sind?

Allein im Nebel tast ich todentlang
Und laß mich willig in das Dunkel treiben.
Das Gehen schmerzt nicht halb so wie das Bleiben.

Der weiß es wohl, dem gleiches widerfuhr;
– Und die es trugen, mögen mir vergeben.
Bedenkt: den eignen Tod, den stirbt man nur,
Doch mit dem Tod der andren muß man leben.

(Quelle: Mascha Kaléko: Memento. Aus: Verse für Zeitgenossen. Erschienen im Rowohlt Taschenbuch Verlag, Reinbek. © 1975 Gisela Zoch-Westphal. Aus Zitationsgründen wurde die ursprüngliche Rechtschreibung beibehalten.)

Aufgaben

1. **Fasse die im Widmer-Text dargestellten Überlegungen in eigenen Worten zusammen.**
2. **Erkläre, was Erwachsensein für Widmer bedeutet und wie sich das Verhältnis zum Tod ab diesem Zeitpunkt verändert. Erscheint dir Widmers Ansicht nachvollziehbar? Begründe deine Meinung.**
3. **Betrachte das Bild von Gustav Klimt und notiere erste Eindrücke.**
4. **Überlege, was die Aussage des Bildes sein könnte, und gib ihm eine Überschrift.**
5. **Führt in Kleingruppen ein Schreibgespräch (s. Info) zu Mascha Kalékos Gedicht durch.**

Info

Beim **Schreibgespräch** tauscht ihr euch mit euren Mitschülern schreibend zu einem Thema aus. Dabei herrscht absolute Stille, keiner von euch darf sprechen!

1. Ihr braucht Stifte und in der Mitte eures Gruppentisches ein großes Blatt Papier (DIN A3). Stellt euch so um den Tisch, dass ihr um ihn herumgehen könnt!
2. In die Mitte des Blattes wird das zu diskutierende Thema/die strittige These notiert bzw. der entsprechende Textauszug (das Gedicht) als Kopie aufgeklebt.
3. Nun überlegt jeder für sich, welche Meinung, Gedanken und Gefühle er zum fraglichen Thema/Gegenstand hat (z. B. zu der Aussage des Gedichtes).
4. Das Schreibgespräch beginnt, sobald jemand seine Überlegung/en auf dem Blatt notiert.
5. Lest die Notizen eurer Mitschüler und geht schreibend darauf ein, wie bei einem richtigen Gespräch: Stimmt ihr zu, seht ihr Dinge anders, kommen euch neue Gedanken?
6. Kommentiert die Anmerkungen zu euren Notizen und setzt so das stille Gespräch fort.
7. Wenn alle ihre Gespräche beendet haben, geht durch den Raum und lest euch die Gespräche eurer Mitschüler durch. Notiert mindestens drei Dinge, die ihr interessant fandet.
8. Tauscht euch mit der ganzen Lerngruppe über die Ergebnisse der Gespräche aus.

Bestattungskultur im Wandel 1/2

Die Beerdigung meines Opas

Als mein Opa beerdigt wurde, war ich 16 Jahre alt. Er war mit 80 Jahren in einem Pflegeheim gestorben. Die Beerdigung fand in einem Beerdigungsinstitut statt.

Die Familie und enge Freunde saßen in einem kahlen Raum, vorne stand die Urne mit der Asche meines Opas. Es fiel mir schwer, dieses Gefäß mit meinem Opa in Verbindung zu bringen. Ich hatte ihn nie tot gesehen, sein Sterben nicht miterlebt. Eigentlich unvorstellbar, dass er jetzt nicht mehr da sein sollte.

Ein Prediger hielt eine Rede über einen Menschen, der den Namen meines Opas trug. Der Mensch war mir merkwürdigerweise fremd:
Ich konnte das Gesagte nur schwer in Verbindung mit meinem Opa bringen. Das, was ihn meiner Meinung nach ausgemacht hatte, blieb ungesagt. Viele weinten, was durch die einsetzende Geigenmusik verstärkt wurde. Traurig, so unerträglich traurig, dass meine kleine Cousine in ihrem Kinderwagen ebenfalls anfing zu weinen und rausgeschoben werden musste. Mein Opa hätte es gehasst:
Er hat lustige Tanzmusik geliebt und alles Tragische abgelehnt.
Die Urnenbeisetzung erledigte dann das Institut.

Vorstellung der eigenen Bestattung

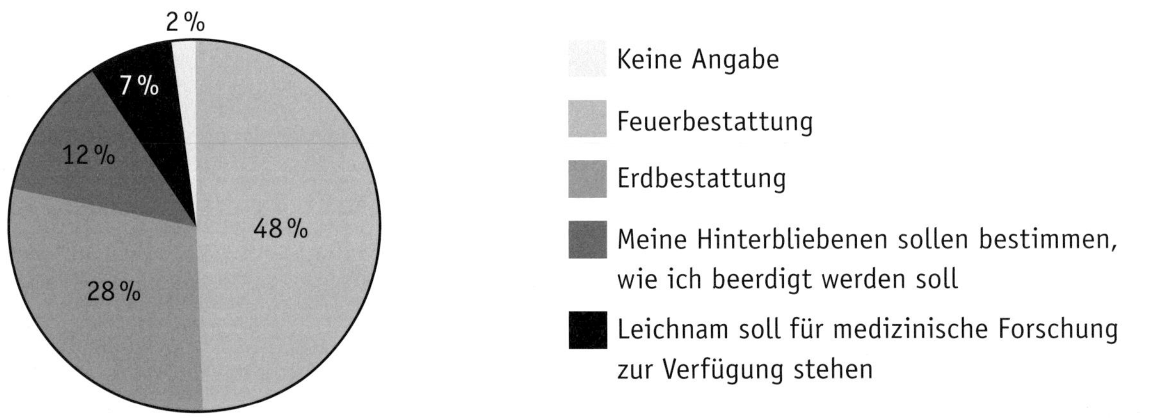

Quelle der Daten: Verband des deutschen Bestattungsgewerbes

Wo sterben die Deutschen wirklich: „An welchem Ort möchten Sie am liebsten sterben, wenn es einmal soweit ist?“

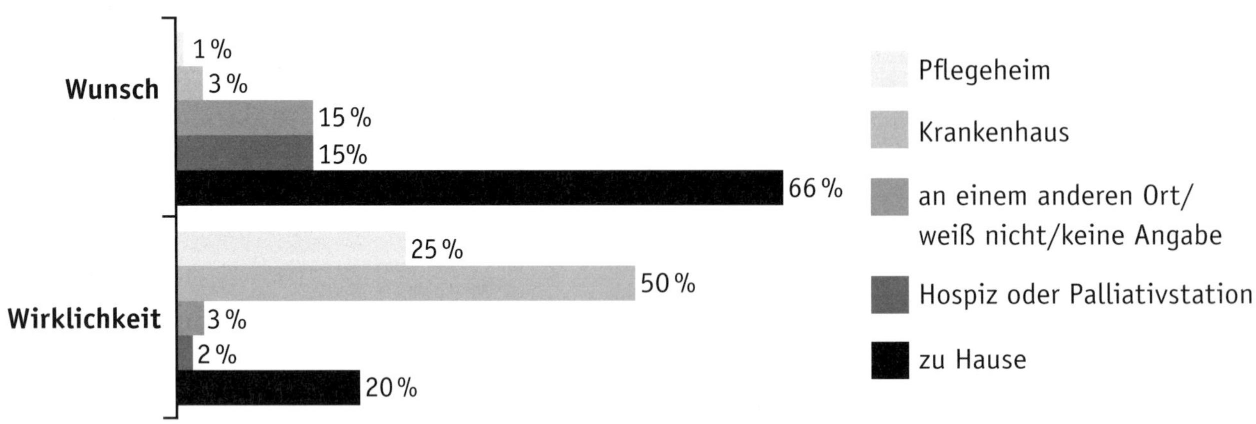

Quelle der Daten: TNS Infratest/Diakonisches Werk der evangelischen Kirche

Bestattungskultur im Wandel 2/2

Verdrängung: „Unsere Gesellschaft befasst sich mit dem Thema ‚Sterben und Tod' …"

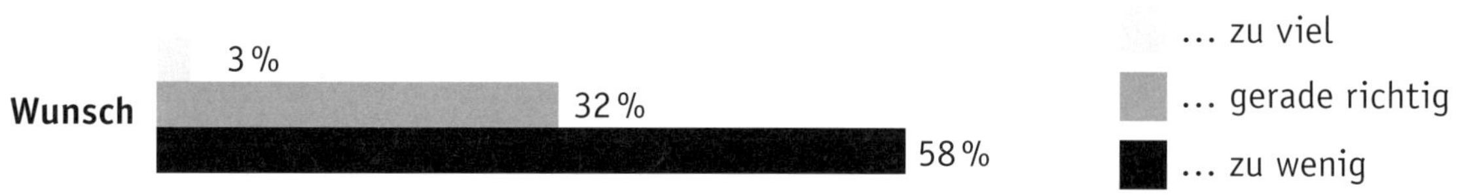

Quelle der Daten: Forschungsgruppe Wahlen

Info

In früheren Jahrhunderten war die Konfrontation mit dem Tod Bestandteil des täglichen Lebens. […] Überhaupt war man mit dem Tod und Sterben vertrauter, weil es zu den Pflichten der Nachbarn gehörte, in Todesfällen zu helfen: beim Waschen und Ankleiden der Leiche, beim Einsargen und bei der Beisetzung. Heute ist die Lebenserwartung deutlich gestiegen. […] Der Tod ist eine Alterserscheinung geworden. Damit einhergehend wird eine Familie nur alle 10 – 15 Jahre mit einem Trauerfall konfrontiert. An die Stelle nachbarschaftlicher Hilfe sind spezialisierte Dienstleistungsunternehmen getreten.

(Quelle: Andreas Fahl/Alheidis v. Rohr: Lebenslauf, Lebensfeste, Geburt, Heirat, Tod. Historisches Museum Hannover 1994.)

Aufgaben

1. **Erkläre, was die Autorin an der Beerdigung ihres Opas stört. Kannst du ihre Gefühle nachvollziehen? Überlege, wie Abschied und Beerdigung besser hätten gestaltet werden können.**
2. **Suche nach möglichen Erklärungen für das in der Grafik „Verdrängung" dargestellte Meinungsbild. Welche Antwort hättest du gegeben, und warum? Beziehe in deine Überlegungen auch den Beerdigungsbericht mit ein.**
3. **Suche dir Todesanzeigen aus der Zeitung aus. Beschreibe diese. Achte dabei auf formale und inhaltliche Elemente. Wie wird den Verstorbenden gedacht?**
4. **Noch vor 50 Jahren starben die meisten Menschen zu Hause bei ihrer Familie. Mittlerweile hat sich dies stark verändert. Welche Informationen kannst du hierzu den Texten und Grafiken entnehmen? Inwiefern hat diese Veränderung Einfluss auf unser Verhältnis zum Tod?**
5. **Die Bestattungskultur wandelt sich. Seit einigen Jahren gibt es virtuelle Gedenkseiten und Friedhöfe. Manchmal findet man auf realen Grabsteinen QR-Codes, die einen mithilfe des Smartphones zu virtuellen Gedenkstätten führen. Besuche einige dieser Friedhöfe im Internet (www.strassederbesten.de, www.internet-friedhof.de oder http://mymemorial24.de).**
   a) **Beschreibe den Aufbau dieser Friedhöfe und überlege, warum immer mehr Menschen ein virtuelles Grab anlegen.**
   b) **Erläutere, welche Vor- und Nachteile diese Art der virtuellen Gedenkstätten hat.**

Tipp

Bestatter Bundesverband: www.bestatter.de
Grabstätten im Netz: www.faz.net/aktuell/gesellschaft/umwelt/grabstaette-im-internet-eine-community-fuer-tote-11532115.html und www.faz.net/aktuell/feuilleton/medien/ahnenverehrung-im-netz-netzseelen-1356047.html
Themenwoche „Leben mit dem Tod":
www.ndr.de/home/themenwoche213.html

Umgang mit Verstorbenen in anderen Ländern 1/5

Mexiko: Das Totengedenken ist ein rauschendes Volksfest mit Musik und Gaumenfreuden – auch die Verstorbenen feiern mit

Die Leute aus Xochimilco, einem Vorort von Mexico City, machen eine Flasche Tequila auf und ziehen mit Klappstühlen, Decken und Picknickkörben auf den städtischen Friedhof. Sie haben süßes Gebäck und Zuckerwatte dabei, ihre Kinder toben zwischen den Grabsteinen, Folklore-Bands wie die Mariachi spielen auf. Bis zum nächsten Morgen dauert die Party zwischen den Gräbern.

In ganz Mexiko strömen Ende Oktober Familien auf die Friedhöfe, um mit ihren Toten zu feiern. Am 31. nähert sich das Fest dem ersten Höhepunkt, da kehren verstorbene Kinder, die „Angelitos" (Engelchen) für eine Stippvisite zurück, so die Überlieferung.

In der Nacht zum 2. November steigen dann alle Toten aus ihren Gräbern – es ist der „Tag der Toten", der „Día de los Muertos", einer der wichtigsten mexikanischen Feiertage. Nach dem alten Glauben kommen die Geister der Verstorbenen alljährlich zu Besuch.

Auf den Märkten verkaufen Händler schon Wochen zuvor süßes „Pan de Muerto", Totenbrot, den Laib verzieren Knochen und Tränen aus Teig. Freunde und Verwandte beschenken sich mit Totenschädeln aus Zucker, der Name des Empfängers wird eingraviert. Vor den Friedhofstoren halten Händlerinnen orange leuchtende Cempasúchil feil, die Totenblume; angeblich können die Toten diese Farben am besten erkennen. Alte Frauen sitzen zwischen den Gräbern vor Paletten voller Zwei-Liter-Coca-Cola-Flaschen und knabbern Erdnüsse.

Der Totenkult in Mexiko ist über 3000 Jahre alt, er wurde schon von den Azteken gepflegt. Die ersten aufgefundenen Nachbildungen der Totengötter waren dualistisch[1]: halb Skelett, halb Mensch. Leben und Tod gehörten in ihrer Mythologie zusammen, sie hatten eine zyklische[2] Vorstellung vom Werden und Vergehen. Hier gibt es keine Berührungsängste mit dem Tod.

Mit den spanischen Eroberern unter Hernán Cortés hielten zwar auch die Missionare[3] der katholischen Kirche in Mexiko Einzug, doch es gelang ihnen nicht, den Totenkult aus dem Volksglauben zu verbannen. Das bunte Treiben, das Fest mit den Toten, hat eine lange Tradition.

(Quelle: Jens Glüsing: Totenschädel zum Naschen. In: SPIEGEL WISSEN 4/2012, S. 108.)

[1] dualistisch: Lehre von der Existenz zweier Grundprinzipien, die sich ergänzend oder feindlich gegenüberstehen

[2] zyklisch: regelmäßig wiederkehrend

[3] Missionar: Geistlicher, der die Einheimischen zum christlichen Glauben bekehren will

 | ISBN 978-3-8346-2771-1 | www.verlagruhr.de

Umgang mit Verstorbenen in anderen Ländern 2/5

China: Den Vorfahren Geschenke darzubringen, ist Tradition – gern auch virtuell

Geister sind los in ganz China, deshalb wartet Li Ronghua darauf, dass die Seelen der Verstorbenen nach Hause kommen. Fisch, Tofu, Schweinefleisch stehen oben in seiner Wohnung für sie bereit, und für den toten Vater gibt es noch ein Glas Reiswein, den mochte er so gern.

Es ist der 15. Tag des siebten Monats im Mondkalender, das „Fest der hungrigen Geister", das buddhistische, daoistische und konfuzianische Elemente in sich vereint, und Li, 48, weiß, es ist Zeit für sein Feuer. In Shorts und Badelatschen steht er vor den zwei Kreidekreisen, die er vor seinem Haus in Shanghai auf den Asphalt gemalt hat, einen großen für die verstorbenen Eltern, einen kleinen für „umherstreifende Geister", so nennt er sie. Die Kreise sind an einer Stelle offen. Das ist die Eintrittspforte für jene, die aus dem Jenseits kommen, um sich das Papiergeld zu schnappen, das Li für sie anzünden wird.

Beim Totengedenkfest im Frühjahr, einem nationalen Feiertag, verbrennt Li auch Kühlschränke und Fernseher, aus Papier und in Miniatur – alles, was den Toten in ihrem Reich nutzen könnte und sie wohlgesinnt macht gegenüber den Lebenden. Der aufsteigende Rauch übermittelt die Gaben ins Totenreich. Lis Nachbarin hat ihrem Bruder eben lodernde Papierzigaretten dargeboten, er rauchte, bis er letzten Monat an Lungenkrebs starb.

Die Gaben an die Ahnen verraten auch etwas über die Wünsche der Lebenden und über Chinas Aufstieg. Früher brannte eine Ziege aus Papier symbolisch als Fleischvorrat für den Verstorbenen, heute shoppen die Chinesen im Internet für die Toten. Sie bestellen Pappmodelle von iPads und Plastikfiguren von Hausangestellten oder einen kleinen Mercedes inklusive Fahrer mit Schirmmütze. Manche trauern auch gleich online, zünden virtuelle Räucherstäbchen an.

(Quelle: Sandra Schulz: iPad für die Ahnen. In: Spiegel Wissen 4/2012, S. 109.)

Umgang mit Verstorbenen in anderen Ländern 3/5

Indien: Gläubige Hindu wollen am Ganges sterben

Das alte, rote Backsteingebäude mit den grünen Fensterläden in Varanasi beherbergt ein ganz spezielles Hotel. In den zwölf kargen Zimmern rund um einen kleinen Innenhof liegen gläubige Hindus auf einfachen Holzpritschen und warten auf den Tod. Denn diejenigen, die hier ihren letzten Atemzug tun, so glauben die Hindus, stehen vor den Türen der Befreiung. „Kashyam marnam mukti", heißt es in den alten Sanskrit-Texten: „In Kashi (Varanasi) zu sterben bedeutet Erlösung" – vom ewigen Kreislauf aus Tod und Wiedergeburt. [...] Dutzende solcher Herbergen gibt es in Varanasi. [...] Zehntausende Hindus werden jedes Jahr auf einigen der treppenförmigen Uferplätze am Ganges kremiert. Die Scheiterhaufen brennen, 24 Stunden lang, sieben Tage die Woche. Der Tod ist hier ein 365-Tage-Betrieb unter freiem Himmel.
Wer nach Varanasi reist, riecht den Tod, bevor er ihn sieht. Der Rauch beißt in den Augen, im Sommer ist die Hitze an den Feuern schier unerträglich. Auf den Stufen des Manikarnika-Ghat beispielsweise, einem der großen Krematoriumsplätze am Ganges, herrscht Tag und Nacht Betrieb, Kühe und Hunde streunen zwischen den Feuerstätten umher, trauernde Angehörige mischen sich mit geschäftigen Holzhändlern. Im Akkord schichten die verschwitzten Helfer die schweren Holzscheite aufeinander.
[...] Die riesigen Holzhaufen am Brennen zu halten, ist vor allem bei Regen in der Monsunzeit eine Herausforderung. Auf einer Bahre aus Bambusrohr tragen die männlichen Angehörigen ihre Toten durch die engen Gassen der Altstadt zu den Verbrennungsplätzen. Die Leichenzüge sind in Varanasi so allgegenwärtig wie die hupenden Fahrer der Motor-Rikschas. „Bei uns ist der Tod aus der Gesellschaft ausgeschlossen", erklärt Helene Basu, Ethnologin und Indien-Expertin an der Westfälischen Wilhelms-Universität Münster, „aber in Indien wird der Tod nicht geleugnet, er gehört zum Leben dazu." Die Verwandten singen Totenlieder, begleitet von Trommelklängen rufen sie den Gott Shiva an, den „Zerstörer und Erneuerer". Der Leichnam ist mit bunten Tüchern und Blumengirlanden geschmückt. Nach der Verbrennung wird die Asche in den Fluss gestreut. Friedhöfe sind den Hindus fremd – sie widersprechen der Reinkarnationslehre[1]. Leben und Tod liegen in Varanasi eng beieinander. Flussaufwärts, nur wenige hundert Meter von den Krematoriumsstätten entfernt, üben Kinder in den Ganges-Fluten das Schwimmen, putzen sich Menschen die Zähne, werden Wasserbüffel getränkt. [...].
Wer nach Varanasi kommen will, um einen „guten Tod" zu sterben, wie die Inder sagen, der muss geduldig sein. Die Wartelisten für Sterbehäuser sind lang. [...]
In der Morgendämmerung kann man immer wieder beobachten, wie von Booten in der Mitte des Flusses Leichen, mit Steinen beschwert, ins Wasser gekippt werden. Es sind die namenlosen Armen: Obdachlose, Bettler, Unberührbare. Niemand zahlt für ihre Scheiterhaufen, Mutter Ganges schluckt sie alle.

(Quelle: Simone Kaiser: Tor zur Erlösung. In: Spiegel Wissen 4/2012, S. 112.)

[1] Re-Inkarnation: Wiedergeburt

Israel: Jerusalem gilt frommen Juden als Logenplatz zum Jenseits

Wer in Israels Erde ruht, der ruht für immer. Nach jüdischem Glauben ist ein toter Körper heilig, deshalb dürfen sterbliche Überreste nicht ausgegraben werden. Und so liegen im Heiligen Land ziemlich viele Knochen, die den Lebenden zu schaffen machen. Heikel wird es etwa, wenn an einer Baustelle ein Grab aus Urzeiten ausgemacht wird. Dann rücken fanatische Ultraorthodoxe[1] an, die gegen Brücken, Straßen und Krankenhäuser mit Sitzstreiks und Steinen protestieren. Deswegen scheinen manche Bauprojekte endlos lang zu dauern, während andere überhaupt nie fertig werden. Oder aber es werden aufwendige Umgehungen ersonnen und Gebäude neu geplant, für viele Millionen Schekel.

Schließlich gibt es noch das Problem, dass so viele Juden in Jerusalem beerdigt werden wollen. Denn wenn der Messias kommt, glauben sie, wird er den Tempel wieder aufbauen – und wer in Jerusalem beerdigt ist, wird als Erster auferstehen und ihn betreten.

Eine endzeitliche Warteschlange also, die Raumnot schafft. „Früher haben wir alle Leichen nebeneinander bestattet, aber wenn wir so weitermachen würden, hätten wir bald keinen Platz mehr für die Lebenden", sagt Chananja Schachor, 57, Direktor der größten Beerdigungsgesellschaft in Jerusalem. Deswegen baut Schachor jetzt Friedhofsgebäude, die ein wenig aussehen wie mehrstöckige Parkhäuser. […]

Die Feuerbestattung ist selten und so verpönt, dass die einzige israelische Firma, die sie anbietet, den Ort dafür geheim hält. […] 92 Prozent der Juden, auch säkulare[2], halten sich an die Tradition", sagt Israels Oberrabbiner Jona Metzger. Das bedeutet vor allem: Bei der Beerdigung ein Stück Kleidung zu zerreißen und danach die Schiva, die sieben Tage dauernde Trauerzeit, einzuhalten, während der man nicht duscht, sich nicht rasiert und keinen Schmuck trägt, auf niedrigen Stühlen oder sogar auf dem Boden sitzt, woher vielleicht auch der Ausdruck kommt, ‚am Boden zerstört sein'. Während der Schiva übernachten Angehörige bei den Trauernden, und Freunde kommen täglich zu Besuch.

Aber egal, wie groß einer im Leben war, die Beerdigung ist schlicht. Erst wird der Tote, der so schnell wie möglich unter die Erde gebracht sein muss, […] gewaschen, auch Blut und blutige Kleidung werden aufbewahrt und mitbeerdigt. Dann wird die Leiche in ein schlichtes Tuch gewickelt und zum Grab getragen. Kein Anzug, kein Schmuck, nicht mal das Gebiss darf mit unter die Erde. Auch Sarg, Blumen oder Musik gibt es traditionell nicht – nichts soll ablenken vom Tod. Wer das Grab besucht, der legt einen einfachen Stein darauf.

(Quelle: Juliane von Mittelstaedt: Berg der Ruhe. In: Spiegel Wissen 4/2012, S.113.)

[1] ultraorthodox: sehr strenggläubig
[2] säkular: nicht-religiös

Umgang mit Verstorbenen in anderen Ländern 5/5

Tipp

Lies den Bericht von Özlem Gezer über die türkische Bestattung ihres Onkels in Hamburg: www.spiegel.de/spiegel/spiegelwissen/d-89209227.html.

Tipp

Zum Weiterforschen: James Chance, Living with the dead www.spiegel.de/fotostrecke/philippinen-leben-auf-einem-friedhof-in-manila-fotostrecke-103238-5.html
Der britische Fotograf James Chance fotografiert das Leben der Menschen auf dem katholischen Friedhof der Millionenstadt Manila (Philippinen). Er bietet Lebensraum und Arbeitsplätze für rund 3 000 Familien. Leben und Tod sind hier in ständiger Beziehung.
www.jameschance.com/#/projects/living-with-the-dead/lwtd_2012_01
www.spiegel.de/panorama/gesellschaft/philippinen-leben-auf-einem-friedhof-in-manila-a-931029.html

Info

Mit einem **Gruppenpuzzle** könnt ihr gemeinsam wesentlich effektiver verschiedene Aspekte eines Themas zusammentragen und austauschen. Hierzu teilt ihr zunächst das vorliegende Material auf (z. B.: jede Gruppe ein Land). Dann werden dazu Expertengruppen gebildet, die das Material bearbeiten und anschließend über das Thema genau Bescheid wissen sollen. Nach der ersten Arbeitsphase werden neue Gruppen gebildet, in denen mindestens ein Vertreter aus jeder Expertengruppen sitzt. Alle Experten berichten nun von den erarbeiteten Informationen, sodass ihr am Ende denselben Wissensstand habt.

Aufgaben

1. **Bearbeitet die Texte und Bilder der vorherigen Seiten gemeinsam in Form eines Gruppenpuzzles (s. Info).**
2. **Überlege, ob die Texte zum Umgang mit den Verstorbenen auch uns etwas sagen können über die Sicht der Gesellschaft auf den Tod.**

Epikur und Seneca 1/2

Epikur (341 – 270 v. Chr.): Brief an Menoikeus

Gewöhne dich an den grundlegenden Gedanken, dass der Tod für uns ein Nichts ist. Denn alles Gute und alles Schlimme beruht darauf, dass wir es empfinden. Verlust aber dieser Empfindung ist der Tod. Deshalb macht die rechte Erkenntnis, dass der Tod für uns ein Nichts ist, die Sterblichkeit des Lebens zu einer Freude; sie fügt nicht nach dem Tode eine grenzenlose Zeit hinzu, sondern tilgt in uns die Sehnsucht nach der Unsterblichkeit. Für den, der recht begriffen hat, dass es im Nichtleben nichts Schreckliches gibt, für den gibt es ja auch im Leben nichts Schreckliches. Daher ist ein Tor, wer da erklärt, er fürchte den Tod nicht, weil er Leid zufügen werde, wenn er da sei, sondern weil er Leid zufüge, da er bevorstehe. – Es ist unsinnig zu glauben, was nicht beunruhige, wenn es da sei, werde Leid zufügen, weil es zu erwarten sei. So ist also der Tod, das schauervollste Übel, für uns ein Nichts; wenn wir da sind, ist der Tod nicht da, aber wenn der Tod da ist, sind wir nicht mehr. Er geht also weder die Lebenden noch die Gestorbenen an; für die einen ist er ja nicht vorhanden, die andern aber sind für ihn nicht mehr vorhanden. Die große Menge freilich flieht den Tod bald als das größte Übel, bald sehnt sie ihn herbei als ein Ausruhen von den Mühsalen des Lebens. Der Weise jedoch weicht weder dem Leben aus, noch fürchtet er das Nichtleben. Das Leben ist ihm nicht zuwider, noch hält er das Nichtleben für ein Übel. Wie er bei der Speise nicht die größere Menge, sondern das Wohlschmeckendste vorzieht, so will er sich nicht eines möglichst langen, sondern eines möglichst angenehmen Lebens erfreuen.

(Quelle: Epikur: Philosophie der Freude. Übers. v. Paul M. Laskowsky. Insel: Frankfurt a. M./Leipzig 1988, S. 54f.)

Aufgaben

1. **Erkläre in eigenen Worten, warum für Epikur der Tod kein Übel darstellt.**
2. **Schreibe gemeinsam mit einem Mitschüler ein Gespräch zwischen Epikur und seinem Schüler Menoikeus, in dem dieser immer wieder kritisch nachfragt.**

Epikur und Seneca 2/2

Seneca (4 v. Chr. – 65 n. Chr.): Von der Kürze des Lebens

Ihr lebt, als würdet ihr immer leben; niemals werdet ihr eurer Gebrechlichkeit euch bewusst; ihr habt nicht acht darauf, wie viel Zeit bereits vorüber ist; ihr verschwendet sie, als wäre sie unerschöpflich, während inzwischen gerade der Tag, der irgendeinem Menschen oder einer Sache zuliebe hingegeben wird, vielleicht der letzte ist. [...] Wie oft vernimmt man die Äußerung: „Mit dem fünfzigsten Jahre begebe ich mich in den Ruhestand, mit dem sechzigsten mach' ich mich frei von aller amtlichen Tätigkeit." Und wer leistet die Bürgschaft für ein längeres Leben?
Wer soll den Dingen gerade den Lauf geben, den du ihnen bestimmst? Schämst du dich nicht, nur den Rest deines Lebens für dich zu behalten und dir für dein geistiges Wohl nur diejenige Zeit vorzubehalten, die sich zu nichts mehr verwenden lässt? Welche Verspätung, mit dem Leben anzufangen, wenn man aufhören muss! Was für eine Torheit, was für ein gedankenloses Übersehen der Sterblichkeit, auf das fünfzigste und sechzigste Jahr alle Heilspläne hinauszuschieben und es sich in den Kopf zu setzen, das Leben zu beginnen an dem Punkte, bis zu dem es nur wenige bringen.
Es überstürzt ein jeder sein Leben, leidet an Sehnsucht nach der Zukunft und an Überdruss an der Gegenwart. Aber der, welcher keinen Augenblick vorübergehen lässt, ohne ihn zu seinem Heil zu verwenden, der jeden Tag so nützlich verwendet, als ob es der letzte wäre, erwartet den morgenden Tag weder mit Verlangen noch mit Furcht. Denn was für einen neuen Genuss könnte ihm denn irgend eine Stunde bringen? Alles ist ihm bekannt, alles gründlich durchgekostet. Was das übrige anlangt, so mag das Schicksal nach Belieben darüber entscheiden: sein Leben ist bereits in Sicherheit. Ein Zuwachs ist noch möglich, ein Abzug nicht, und mit dem Zuwachs steht es ähnlich wie bei einem bereits Gesättigten und Befriedigten, der noch einige Bissen dazu nimmt, nach denen er nicht verlangt, die er sich aber gefallen lässt. Die grauen Haare und die Runzeln geben dir also keinen hinlänglichen Grund zu glauben, es habe irgendeiner lange gelebt: nicht lange gelebt hat er, er ist nur lange dagewesen.

(Quelle: Seneca: Von der Kürze des Lebens. Übers. v. Otto Apelt. dtv: München 2011, S. 13f., S. 28f.)

Tipp

Lies auch die Schrift des großen Philosophen Platon:
Von der Unsterblichkeit der Seele.
Übers. v. Otto Apelt.
dtv, 2011.

Aufgaben

3. **Überlege, welche Hauptgedanken hinter Senecas Ausführungen stehen. Erstelle dann eine knappe Gebrauchsanweisung zum Umgang mit dem eigenen Leben.**
4. **Begründe, inwiefern Senecas Überlegungen auch heute noch aktuell sind. Versuche, passende Beispiele für deine Ansicht zu finden.**
5. **Der griechische Philosoph Platon hielt die menschliche Seele für unsterblich, da nur vergehen könne, was sich in seine Einzelteile auflöse. Da die Seele nicht als teilbar gedacht werden könne, sei von einer unsterblichen Seele auszugehen.**
   a) **Formuliere dieses Argument in eigenen Worten und suche passende Beispiele.**
   b) **Überzeugen dich Platons Gedanken zu vergänglich/teilbar? Nenne Gründe.**

Michel de Montaigne 1/2

Michel de Montaigne (1533–1592): Philosophieren heißt Sterben lernen – Textteil A

Der Tod ist unvermeidlich. „Alle steuern wir dem gleichen Ziele zu; für jeden wird sein Los in der Urne geschüttelt, bis es früher oder später herausspringt und wir mit dem Kahn in die ewige Verbannung fahren müssen." Infolgedessen ist der Tod, wenn wir ihn fürchten, eine dauernde Beunruhigung für uns; diese Last kann uns nicht abgenommen werden. Von allen Seiten kann er uns überfallen; es nützt nichts, wenn wir, wie in verdächtigem Gelände, den Kopf unaufhörlich hierhin und dorthin drehen: er hängt immer über uns, wie der Felsblock über dem Haupte des Tantalus [...].

Das Ziel unseres Lebenslaufes ist der Tod; zwangsweise richten wir unseren Blick auf ihn: wenn er uns erschreckt, wie können wir da einen Schritt ohne Schaudern gehen? Was tut der gemeine Mann dagegen? Er denkt nicht daran. [...]

Aber es wäre Torheit, zu denken, man könne auf diesem Wege das Ziel erreichen. Solche Menschen laufen hin und her, sie rennen, sie tanzen; vom Tod ist nicht die Rede. Soweit ist es ganz schön; aber dann, wenn der Tod kommt, zu ihnen oder zu ihren Frauen, Kindern und Freunden, und sie plötzlich überfällt, ohne dass es eine Deckung gibt, da krümmen sie sich und schreien vor Wut, weil die Verzweiflung sie packt. Sie sind vollständig niedergebrochen, verstört, wie umgewandelt. Dagegen muss man rechtzeitig etwas tun. Die Beruhigung durch die viehische Gleichgültigkeit ist zu teuer erkauft; ich finde es ja auch ganz unmöglich, dass ein vernünftiger Mensch sich ihr überlässt. Wenn der Tod wäre wie ein Feind, dem man ausweichen kann, würde ich geradezu empfehlen, die Feigheit als Waffe zu benutzen: aber da das nun eben nicht angeht und er dich ebenso trifft, wenn du ihm feige zu entfliehen suchst, wie wenn du ihm männlich entgegentrittst [...], wollen wir lieber lernen, wie wir ihm entgegentreten und mit ihm fertigwerden können: zunächst, wenn wir ihn um den Hauptvorteil, den er uns gegenüber hat, bringen wollen, müssen wir gerade den umgekehrten Weg einschlagen, als es gewöhnlich geschieht [...].

(Quelle: Michel de Montaigne: Essais. Deutsche Auswahl von A. Franz. Reclam: Stuttgart 1986, S. 52–62)

Info

Im **rotierenden Partnergespräch** könnt ihr euch in zufällig zusammengestellten Paaren zu einem Thema austauschen. Bildet dazu einen Innen- und einen Außenkreis aus gleich vielen Schülern. Jetzt stehen sich jeweils zwei Schüler gegenüber. Der Lehrer gibt nun eine Frage vor, und der Austausch beginnt. Ihr erhaltet ein Signal, wenn eure Gesprächszeit beendet ist. Nun geht der innere oder der äußere Kreis nach Vorgabe der Lehrkraft um mehrere Personen weiter, sodass ihr wieder einen neuen Gesprächspartner habt und euch wieder austauscht. Danach geht es zum nächsten Partner usw. Am Ende des gesamten Austausches solltet ihr eure Erfahrungen im Plenum besprechen.

Aufgabe

1. **Lies Textteil A durch und überlege dir, wie Montaignes Ratschläge lauten könnten. Schreibe den Text weiter. Vergleiche deine Ideen mit denen deiner Mitschüler.**

Michel de Montaigne 2/2

Michel de Montaigne (1533 – 1592): Philosophieren heißt Sterben lernen – Textteil B

Wir müssen versuchen, ihm seine furchtbare Fremdartigkeit zu nehmen, mit Geschick an ihn heranzukommen, uns an ihn zu gewöhnen, nichts anderes so oft wie den Tod im Kopf zu haben, ihn uns in unserer Fantasie immer wieder in den verschiedensten Erscheinungsformen auszumalen; wenn ein Pferd stolpert, wenn ein Ziegel vom Dach fällt, wenn ich mich irgendwie steche, immer wieder sage ich mir dann: „So, und wenn das nun der Tod selber wäre!" Darauf können wir mit trotziger, mit männlicher Haltung reagieren. Im lauten Jubel und in der stillen Freude, immer können wir einen Ton hören, der uns mahnt, was der Mensch ist; wenn wir noch so sehr genießen, immer einmal sollten wir dann doch daran denken, wie diese Fröhlichkeit rings vom Tod bedroht ist, wie leicht er da hineingreifen kann. So dachten die alten Ägypter: beim Fest, wenn es am höchsten herging, ließen sie ein Menschengerippe in den Saal tragen, als Mahnung für die Gäste. [...] Wo der Tod auf uns wartet, ist unbestimmt; wir wollen überall auf ihn gefasst sein. Sich in Gedanken auf den Tod einrichten, heißt sich auf die Freiheit einrichten; wer zu sterben gelernt hat, den drückt kein Dienst mehr: nichts mehr ist schlimm im Leben für denjenigen, dem die Erkenntnis aufgegangen ist, dass es kein Unglück ist, nicht mehr zu leben. [...] Wir sollten, soweit das von uns abhängt, immer fertig und marschbereit sein; vor allem sollten wir es so einrichten, dass wir es dann nur mit uns zu tun haben; der Schritt, der uns bevorsteht, ist schwer genug, wir sollten uns nicht zusätzlich belasten. Da klagt zum Beispiel einer, mehr als über das Sterben selbst, darüber, dass er um einen schönen Sieg gebracht würde, ein anderer, dass er Abschied nehmen muss, ehe er seine Tochter verheiratet oder die Erziehung seiner Kinder abgeschlossen hat; der eine trauert, dass er mit seiner Frau, der andere, dass er mit seinem Sohn nicht mehr zusammen sein kann, was für ihn den wesentlichen Lebensinhalt gebildet hatte. Ich sehe, Gott sei Dank, meiner Todesstunde so gefasst entgegen, dass ich gehen kann, wenn es ihm gefällt, ohne dass mir der Abschied von irgendetwas schwer würde. Ich löse allmählich alle Bindungen. Von allen kann ich leicht Abschied nehmen außer von mir. Niemals hat sich wohl jemand so absolut und so vollständig darauf eingestellt, dass er der Welt Lebewohl sagen muss, wie ich und sich so allseitig von ihr gelöst. Der Tod ist am selbstverständlichsten, wenn man schon vorher möglichst tot ist. [...]

(Quelle: Michel de Montaigne: Essais. Deutsche Auswahl von A. Franz. Reclam: Stuttgart 1986, S. 52–62)

Aufgaben

2. Sieh dir nun Montaignes eigene Vorschläge (Textteil B) zum Umgang mit dem Tod an. Unterscheiden sie sich von deinen? Wenn ja, inwiefern?

3. Diskutiert in einem Rotierenden Partnergespräch (s. Info), ob
   a) der Ausspruch „Sorge dich nicht, sondern lebe" zu Montaignes Haltung passt;
   b) ihr euch vorstellen könntet, euch im Umgang mit dem Tod wie Montaigne zu verhalten. Begründet eure Meinung.

Martin Heidegger

Martin Heidegger (1889 – 1976): Alltag und Tod

Heidegger verwendet in seiner Philosophie eine ganz eigene Sprache, oft mit erfundenen Wörtern: Das Selbst der Alltäglichkeit aber ist das Man, das sich in der öffentlichen Alltäglichkeit konstituiert[1], die sich im Gerede ausspricht. [...] Die Öffentlichkeit des alltäglichen Miteinander „kennt" den Tod als ständig vorkommendes Begegnis, als „Todesfall". Dieser oder jener Nächste oder Fernerstehende „stirbt". Unbekannte „sterben" täglich und stündlich. „Der Tod" begegnet als bekanntes innerweltlich vorkommendes Ereignis. Als solches bleibt er in der für das alltäglich Begegnende charakteristischen Unauffälligkeit. Das Man hat für dieses Ereignis auch schon eine Auslegung gesichert. Die ausgesprochene oder auch meist verhaltene „flüchtige" Rede darüber will sagen: Man stirbt am Ende auch einmal, aber zunächst bleibt man selbst unbetroffen. Die Analyse des „Man stirbt" enthüllt unzweideutig die Seinsart des alltäglichen Seins zum Tode. Dieser wird in solcher Rede verstanden als ein unbestimmtes Etwas, das allererst irgendwoher eintreffen muss, zunächst aber für einen selbst noch nicht vorhanden und daher unbedrohlich ist. Das „Man stirbt" verbreitet die Meinung, der Tod treffe gleichsam das Man. Die öffentliche Daseinsauslegung sagt: „man stirbt", weil damit jeder andere und man selbst sich einreden kann: je nicht gerade ich; denn dieses Man ist das Niemand. [...] Das Man besorgt dergestalt eine ständige Beruhigung über den Tod.

(Quelle: Martin Heidegger: Sein und Zeit. Max Niemeyer Verlag: Tübingen 1993, S. 252f.)

Aufgaben

1. **Versuche mit einem Mitschüler, die folgenden Begriffe sinnvoll zu ordnen: unbestimmtes Etwas – zunächst unbetroffen – noch nicht vorhanden – unbedrohlich – verhaltene „flüchtige" Rede – man stirbt – niemand – charakteristische Unauffälligkeit**

2. **a) Sucht im Text die Stellen, denen die Begriffe entnommen sind, und bringt sie in die richtige Reihenfolge. Versucht sie nun in eigenen Worten zu erklären.**
   b) Bringt mithilfe eines Begriffsnetzes (s. Info) die einzelnen Begriffe in einen logischen Zusammenhang: Welche Eigenschaften gehören dazu? Was folgt daraus?

3. **Denkt euch in Kleingruppen Alltagssituationen aus, die Heideggers Sicht auf den allgemeinen Umgang mit dem Tod verdeutlichen. Spielt diese euren Mitschülern vor und lasst sie von ihnen kommentieren.**

4. **Überlegt gemeinsam, an welcher Stelle sich auch im Montaigne-Text Beispiele für Heideggers Sicht finden lassen.**

Info

Schwer verständliche Texte lassen sich anhand von **Begriffsnetzen** erarbeiten:

- Unterstreicht die für die Gesamtaussage wichtigen Begriffe (Schlüsselwörter).
- Ordnet die Schlüsselwörter nach dem logischen Zusammenhang, in dem sie stehen.
- Formuliert in eigenen Worten (mit Zeilenangabe in Klammern).
- Verwendet einfache Symbole, die die Übersicht erleichtern, z. B.: → Folge, ↔ Gegensatz.

[1] sich konstituieren: sich bilden

 ISBN 978-3-8346-2771-1 | www.verlagruhr.de

Der Tod im Lichte der Wissenschaft

Hirntod – eine recht neue Definition und ihre Folgen 1/3

Wann ist der Mensch tot?

Wenn ein Mensch stirbt, treten an seinem Körper bestimmte Todeszeichen auf (Starrwerden der Glieder, Ausbleiben von Atmung und Herzschlag, Totenblässe, Todesflecken). Von alters her wartete man diese ab, bevor man einen Menschen als tot bezeichnete. 1967 änderte sich dies radikal.

Es gehört zu den spektakulären und bis heute vieldiskutierten biomedizinischen Neuerungen, dass im August 1967 eine dem Medizinbetrieb selbst angehörige Gutachterkommission der US-amerikanischen Harvard Medical School eine Definition vorschlug, der zufolge der Tod bereits mit dem irreversiblen Koma eingetreten sein soll, also mit dem Ausfall bestimmter Funktionen des Gehirns. Der Bericht der Expertengruppe legt eine Anzahl medizinischer Testkriterien fest.

Die Kriterien lauten: (1) „Unreceptivity and Unresponsivity", also das völlige Ausbleiben von Reaktionen auf stark schmerzende und laute Reize, (2) „No Movements or Breathing", also das Fehlen von eigener Atmungsaktivität, was bei künstlich beatmeten Patienten durch kurzzeitiges Abstellen des Beatmungsgeräts festgestellt werden soll, (3) „No Reflexes", also die Abwesenheit wichtiger Reflexreaktionen, angefangen beim Pupillenreflex – sie zieht sich bei hellem Licht zusammen – über Augenbewegung bei Stimulation des Mittelohrs durch Eiswasser, Schlucken, Gähnen sowie Muskelreflexe, (4) „Flat Electroencephalogram", also eine flache Hirnstrom-Messkurve auf den EEG [...].

Mit gewissen Modifikationen ist es seither in Geltung und wird in Kliniken weltweit praktiziert. [...]

Es sind mehrere Neuerungen, durch welche die Harvardkriterien einen historischen Einschnitt bilden [...]. Zum ersten weisen sie dem Tod einen einzigen organischen Ort zu. Nachdem bisher alle Vitalfunktionen erloschen sein mussten, entscheidet sich die Frage, wann ein Menschenkörper die Schwelle zum Tod überschreitet, fortan allein am Gehirn. [...]

Jemand, den man mit ungeschulter Wahrnehmung niemals als tot empfinden würde, muss dem Hirntodkriterium folgend als medizinisch tot erachtet werden. Es ist jedoch schwer zu glauben, dass eine für hirntot erklärte Person eine Leiche sein soll. Denn da ist warme, durchblutete Haut, da schlägt das Herz, da heilen Wunden am Körper und da bleiben auch gewisse körperliche Regungen. [...]

Zwei Gründe, warum es einer neuen Todesdefinition bedarf, nennt der Harvard-Bericht selbst. Zum einen gebe es enorme Fortschritte bei der Lebenserhaltung Schwerstkranker. In Fällen einer irreversiblen Hirnschädigung werde hier die Belastung für Angehörige und Kliniken sehr groß, auch die Krankenhausbetten seien knapp, die komatöse Patienten belegen. Zum anderen habe die Diskussion über veraltete Todeskriterien mit dem Problem der Beschaffung von Organen für die Organtransplantation zu tun [...].

Welches Interesse hat möglicherweise der Arzt an einem durch den Hirntod ermöglichten Zugriff? Das berührt den kritischen Punkt: Geht es in Wahrheit lediglich darum, atmende, durchpulste Körper frühzeitig zur Leiche zu deklarieren, um ihnen die „lebendigen" Organe zu entnehmen? Löst der Hirntod – man braucht Krankenhausbetten und Organe – eigentlich ein Ressourcenproblem? [...]

Eine Art Dreiteilung ist entstanden: Es gibt lebende Menschen, es gibt „hirntote" Menschen, definitionsgemäß tot, aber mit noch lebendem Körper, und schließlich gibt es – nach Herz- und Atemstillstand – den Leichnam im engeren Sinne.

(Quelle: Petra Gehring: Theorien des Todes. Junius Verlag: Hamburg 2011, S. 168ff.)

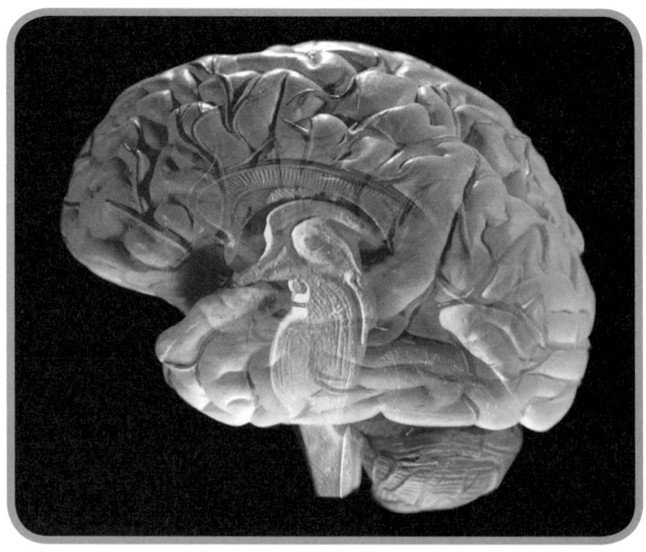

Hirntod – eine recht neue Definition und ihre Folgen 2/3

Hirntod und Organtransplantation

Dr. Jürgen Schneider, 49
(Transplantationsbeauftragter des Uni-Klinikums München)
Mit dem Hirntod wird naturwissenschaftlich-medizinisch der Tod des Menschen festgestellt. Daran gibt es für mich keinen Zweifel. Denn die Diagnostik ist in den Richtlinien der Bundesärztekammer festgelegt und wird nach einem festen Protokoll von zwei intensivmedizinisch erfahrenen Ärzten unabhängig voneinander durchgeführt. Auch wenn bei hirntoten Menschen das Herz noch schlägt und die Organe intakt sind: Stellt man die Maschinen ab, bricht das Herz-Kreislaufsystem zusammen, der Patient verstirbt auch „biologisch" mit all seinen Organfunktionen.

(Quelle: Dr. Jürgen Schneider (Autor). Norbert Neumann, Claus Peter Simon (Hrsg.): Der schmale Grat. In: GeoWissen 51/2013, S. 78ff.)

Stefanie Rommel, 26
(Hotelfachfrau aus Neugötting, Tochter einer Organspenderin)
Vor zwei Jahren erlitt meine Mutter einen Schlaganfall. Nach einem epileptischen Anfall wurde sie reanimiert, danach arbeitete ihr Gehirn nur noch zu zehn Prozent. Auf der Intensivstation traf ich eine Vertreterin der Deutschen Stiftung Organtransplantation, die mich fragte, ob ich mir im Fall des Hirntods eine Organspende vorstellen könne. Ich stimmte zu. Als bei meiner Mutter einige Tage später der Hirntod diagnostiziert wurde, entnahmen die Ärzte die Organe. Für mich bestand kein Zweifel, dass meine Mutter wirklich tot war. [...] Ich finde es schön, dass ein Teil meiner Mutter weiterlebt.

(Quelle: Stefanie Rommel (Autorin). Norbert Neumann, Claus Peter Simon (Hrsg.): Der schmale Grat. In: GeoWissen 51/2013, S. 78ff.)

Thomas Kammerer, 48
(Katholischer Pfarrer, Seelsorger am des Uni-Klinikum München)
Die Frage, wann ein Mensch endgültig tot ist, ist aus meiner Sicht niemals abschließend und allgemeingültig zu beantworten. Sterben ist ein Prozess, nicht nur ein Moment. Insofern ist der Hirntod eine willkürlich festgesetzte Definition. Für mich als Theologe ist der Tod ein Übergang. Ich bezweifle, dass wir verstehen, was der umfassende Ausfall von Hirnfunktionen letztlich bedeutet. Manchmal spüre ich noch eine Präsenz bei bereits Verstorbenen. Nicht zufällig gehen manche Religionen davon aus, dass die Seele eines Menschen nach dem Tod noch einige Zeit in oder beim Körper ist. Letztlich wissen wir wenig. Aber wir haben nun mal eine Hirntod-Definition, und mit der müssen wir umgehen.

(Quelle: Thomas Kammererl (Autor). Norbert Neumann, Claus Peter Simon (Hrsg.): Der schmale Grat. In: GeoWissen 51/2013, S. 78ff.)

Hirntod – eine recht neue Definition und ihre Folgen 3/3

Dänemark, Oktober 2011: Die 19-jährige Carina Melchior verliert die Kontrolle über ihren Wagen, er überschlägt sich. Mit schweren Hirnverletzungen wird sie bewusstlos ins Krankenhaus von Aarhus eingeliefert, liegt drei Tage im Koma. Die diensthabende Ärztin teilt den Eltern mit, dass keine Hoffnung mehr auf Besserung bestehe, und fragt, ob sie einer Organspende zustimmen würden. Schweren Herzens willigen die Eltern ein. Doch als die Beatmungsmaschine abgestellt wird, beginnt Carina plötzlich wieder zu atmen. Einen Tag später erwacht sie aus dem Koma.

(Quelle: Norbert Neumann, Claus Peter Simon: Der schmale Grat. In: GeoWissen 51/2013, S. 78ff.)

Aufgaben

1. **Fasse die Änderungen seit Ende der 1970er-Jahre in eigenen Worten zusammen.**
2. **Halte fest, welche Gründe (laut Gehring) zum Ändern der Todesdefinition führten.**
3. **Stelle dar, welche Probleme durch die neue Todesdefinition entstehen.**
4. **Lies dir die drei Aussagen durch und halte fest, welche für dich nachvollziehbar sind. Verändert der Zeitungsbericht aus Dänemark diese Einstellung?**
5. **Entwickelt in der Klasse ein kontroverses Gespräch zum Thema „Organtransplantation, ja oder nein?" Teilt alle Rollen auf und notiert zu jedem Standpunkt mögliche Argumente. Nutzt hierfür die Informationen aus den Texten. Beginnt dann erst das Gespräch zu entwerfen und führt es als Rollenspiel in der Klasse durch.**

Rollen

Tom (15), der aufgrund einer Krankheit ein Spenderherz benötigt

Toms Mutter namens Maria

Emma (16), ein Mädchen aus derselben Schule wie Tom, das seit einem Rollerunfall vor sechs Monaten im Koma liegt und dessen Hirntod gerade diagnostiziert wurde

Emmas Vater Jürgen

Dr. Schneider, der als Arzt Emma im Krankenhaus betreut

Rechtlich-kulturelle Aspekte in Deutschland und anderswo 1/2

Ein Fallbeispiel aus der Schweiz

Allerletzter Ausweg

Seine Mutter hatte ein gutes Dutzend Abschiedsbriefe an Freunde und Verwandte geschrieben und frankiert. Er fuhr mit ihr zum Briefkasten, sie warf die Umschläge ein. Sie besuchten auch noch die Kirche, in der die Trauerfeier stattfinden sollte. Dann der letzte gemeinsame Abend. Sie aßen zusammen im Zürcher Haus der Eltern, führten Gespräche. „Wir haben uns gesagt, was wir uns noch sagen wollten", sagt Nicola Bardola, „alles war ganz undramatisch, aber sehr liebevoll und sensibel." Am Tag darauf kam der Mann, der den Tod brachte – ein Mitarbeiter der Sterbehilfeorganisation Exit. Weil die Eltern nicht im Beisein ihrer Kinder sterben wollten, warteten Bardola und sein Bruder mit ihren Ehefrauen in der Wohnung eines Verwandten in der Nähe. [...] Nach einer Zeit, die ihnen ewig vorkam, rief der Sterbehelfer an, ihre Mutter sei tot. Sie sei nur zehn Minuten nach der Einnahme des tödlichen Medikaments gestorben. Beim Vater hingegen dauere es noch etwas. Eine Stunde später dann der letzte Anruf: Nun sei auch der Vater gestorben.
Die Eheleute hatten je 15 Gramm des Schlaf- und Beruhigungsmittels Natrium-Pentobarbital getrunken. Für einen Erwachsenen von 80 Kilogramm wirken schon 5 Gramm tödlich. Das Barbiturat führt wenige Minuten nach der Einnahme zum tiefen Schlaf, es hemmt das Atem- und Kreislaufzentrum. Der Mensch hört auf zu atmen, das Herz hört auf zu schlagen. Experten sagen, es sei ein sanfter Tod. Bardolas Eltern starben Hand in Hand. [...]
Ein Dreivierteljahr zuvor hatten die Eltern ihre Kinder darüber informiert, dass sie beschlossen hatten, gemeinsam zu sterben. Sein Vater war an Blasenkrebs erkrankt, eine Operation lehnte er ab. Er war 75, noch hatte er keine Schmerzen und wollte in keinen leidvollen Zustand geraten. Seine Frau, 71, kämpfte mit mehreren Alterskrankheiten. Sie sah für sich, erst recht ohne ihren Mann, keine Lebensqualität mehr.
Zwölf Jahre liegt der Tod von Bardolas Eltern nun zurück. „Je älter ich selbst werde, je häufiger ich Eltern von guten Freunden qualvoll sterben sehe, desto mehr Verständnis habe ich für meine eigenen Eltern, desto mehr bewundere ich ihre Entscheidung", sagt Bardola. [...] Zu wissen, dass man die Chance habe, selbst zu entscheiden, wann und wie man dieses Leben auch wieder verlassen könnte, etwa im Falle einer schweren, schmerzhaften Krankheit, das gebe ihm ein Gefühl von Sicherheit, sagt Bardola. [...] Auch in Deutschland ist die Beihilfe zum Selbstmord nicht strafbar. Doch die ärztliche Berufsordnung untersagt es Medizinern, das Leben eines Sterbenden aktiv zu verkürzen. Ein Arzt läuft Gefahr, wegen des Verstoßes gegen das Arzneimittelgesetz oder wegen unterlassener Hilfeleistung verfolgt zu werden. Ein spezielles Gesetz, das etwa die Suizidbegleitung von unheilbar Kranken sowie den Erwerb der dafür benötigten Medikamente regelt, gibt es bis heute nicht. [...] Die Zahl der „Sterbetouristen", die aus Deutschland in die Schweiz reisen, ist deswegen seit Jahren konstant. Rund 150 waren es 2011.

(Quelle: Simone Kaiser: Allerletzter Ausweg. In: Spiegel Wissen 4/2012, S. 96ff.)

Rechtlich-kulturelle Aspekte in Deutschland und anderswo 2/2

Die rechtliche Lage in Deutschland

Hier ist nur die aktive Sterbehilfe geregelt, und zwar im Strafgesetzbuch: Die Tötung eines Patienten ist demnach strafbar, auch wenn das sein ausdrücklicher Wunsch ist. Ausführungen zur passiven Sterbehilfe finden sich in den Grundsätzen der Bundesärztekammer zur Sterbebegleitung, die Medizinern Orientierung geben sollen: Diese ist zulässig, wenn sie dem Willen des Patienten entspricht; ein Arzt darf demnach eine Behandlung beenden, die das Sterben hinauszögert. Auch die indirekte Sterbehilfe ist erlaubt: Das Leiden des Sterbenden darf gelindert werden, auch wenn dies zu einer Verkürzung seines Lebens fuhrt. Beim assistierten Suizid ist die Rechtslage kompliziert.

(Quelle: Sterbehilfe, Der selbst gewählte Abschied. In: GeoWissen 51/2013, S. 57.)

Die verschiedenen Arten der Sterbehilfe

Bei der **aktiven Sterbehilfe** handelt es sich um Tötung auf ausdrücklichen Wunsch des Patienten. Dabei wird der Tod absichtlich herbeigeführt oder beschleunigt, etwa durch eine Überdosis eines Narkosemittels. Die sogenannte „Tatherrschaft" liegt nicht beim Patienten, sondern bei einer anderen Person.

Bei der **Beihilfe zum Suizid** hilft ein Arzt oder jemand anderes dem Patienten, sein Leben zu beenden, indem er ihm entsprechende Medikamente verschreibt oder bereitstellt. Die Tatherrschaft liegt hier beim Patienten.

Bei der **passiven Sterbehilfe** geht es um ein „sterben lassen" – also um den Verzicht auf Maßnahmen, die das Leben verlängern würden, etwa künstliche Ernährung oder Beatmung.

Bei der **indirekten Sterbehilfe** behandelt ein Arzt einen Patienten so, dass die Schmerzlinderung im Vordergrund steht. Dabei nimmt er in Kauf, dass sich durch die Behandlung mit starken Schmerzmitteln die Lebenszeit verkürzt.

(Quelle: Sterbehilfe, Der selbst gewählte Abschied. In: GeoWissen 51/2013, S. 57)

Info

Euthanasie bedeutet das absichtliche Herbeiführen des Todes bei schwerkranken Menschen (z. B. durch Medikamente). In Deutschland ist die Diskussion besonders problematisch und schwierig, da unter dem Namen Euthanasie zur Zeit des Nationalsozialismus z. B. behinderte und psychisch kranke Menschen systematisch und willkürlich ermordet wurden.

Aufgaben

1. **Tausche deine Gedanken und Gefühle zum geschilderten Fall aus. Hältst du die Entscheidung der Eltern für richtig? Sollte ein solches Vorgehen auch in Deutschland erlaubt sein? Begründe deine Meinung.**
2. **Erkläre den Unterschied zwischen den verschiedenen Arten der Sterbehilfe anhand konkreter Beispiele.**
3. **Lest in der Klasse die Informationen zur rechtlichen Lage durch. Recherchiert arbeitsteilig im Internet zu den gesetzlichen Regelungen in Österreich, der Schweiz und den Niederlanden. Tauscht eure Ergebnisse aus.**

Tod in Würde oder Gefahr? 1/2

*Peter Singer (*1946):*
Ein Tod in Würde?

Ein verbreiteter Einwand gegen Sterbehilfe lautet, dass Ärzte irren können. Gewiss haben einige wenige Patienten, die von zwei angesehenen Ärzten die Diagnose „unheilbar" erhielten, überlebt und sich noch über viele Jahre guter Gesundheit erfreut. Möglicherweise würde die Legalisierung der freiwilligen Euthanasie über Jahre hinaus den Tod von ein oder zwei Menschen bedeuten, die vielleicht doch noch von ihrer unmittelbaren Krankheit hätten genesen können und einige zusätzliche Jahre gelebt hätten. Dies ist jedoch nicht, wie einige glauben, ein Argument, das die Sterbehilfe zu Fall bringt. Der sehr kleinen Zahl von unnötigen Todesfällen, die vielleicht eintreten könnten, wenn die Sterbehilfe legalisiert ist, müssen wir die sehr große Summe von Leiden und Schmerz gegenüberstellen, die von tatsächlich unheilbar kranken Patienten grundlos erlitten wird, wenn die Sterbehilfe nicht legalisiert würde. [...] Die Möglichkeit, dass beide Ärzte eine Fehldiagnose stellen könnten, bedeutet, dass eine Person, die eine Euthanasie wünscht, sich nach dem Abwägen von Wahrscheinlichkeiten entscheidet und eine äußerst kleine Überlebenschance vernachlässigt, um weiteres Leid zu vermeiden, das nahezu gewiss mit dem Tod endet. Dies kann eine vollkommen rationale Entscheidung sein. Wahrscheinlichkeit bestimmt das Leben und auch den Tod. Dagegen werden einige einwenden, dass verbesserte Behandlungsmethoden die unheilbar Kranken vom Schmerz zu befreien vermögen und freiwillige Euthanasie unnötig machen.

Doch es sind nicht nur die körperlichen Schmerzen, die bei Patienten den Wunsch zu sterben wecken. Sie können beispielsweise an Knochen leiden, die so brüchig sind, dass sie bei jähen Bewegungen brechen, an unkontrollierbarer Übelkeit und Erbrechen, an langsamem Verhungern, das durch einen wachsenden Tumor verursacht wird, an der Unfähigkeit, Darm oder Blase zu kontrollieren, an Atembeschwerden usw. Diese Symptome können vielfach nicht beseitigt werden, zumindest nicht, solange sich der oder die Betreffende bei Bewusstsein befindet. [*Ein Arzt über die an schwerer Leukämie erkrankte Diane, die nach barbiturathaltigen Schlaftabletten verlangte, um ihr Leben zu beenden:*]

„Für Diane war es außerordentlich wichtig, ihre Selbstkontrolle und ihre Würde in der ihr noch verbleibenden Zeit zu bewahren. Sollte dies nicht mehr möglich sein, so wollte sie sterben. Als ehemaliger Direktor eines Hospiz-Programms weiß ich, wie man das Leiden von Patienten durch schmerzlindernde Mittel verringern kann. Ich erklärte ihr den Sinn dieser Palliativ-Therapie, an die ich fest glaube. Diane verstand dies [...], aber sie hatte von Leuten gehört, die in einer sogenannten ‚relativen Beschwerdefreiheit' dahinsiechten, und lehnte das für sich ab. Als der Zeitpunkt näher kam, wollte sie ihr Leben auf die am wenigsten schmerzvolle Weise beenden. Da ich ihr Verlangen nach Unabhängigkeit und ihren Entschluss zur Selbstbestimmung kannte, dachte ich, dass dieser Wunsch absolut sinnvoll war."

(Quelle: Peter Singer: Praktische Ethik. Reclam: Stuttgart 2013, S. 309ff.)

Tod in Würde oder Gefahr? 2/2

Robert Spaemann (*1927): Gefahren der Sterbehilfe

Untersuchungen haben [allerdings] ergeben, dass die meisten Suizidwünsche nicht großer Schmerzen wegen geäußert werden, sondern aus Situationen der Verlassenheit. Fast immer verschwinden diese Wünsche, falls sie nicht krankhaft sind, wenn ein Mitmensch, der auch Arzt sein kann, ein echtes und tätiges Interesse am Dasein eines Kranken bekundet. In diesem Augenblick größter Schwäche und reduzierter Autonomie, wo der Leidende nur eines braucht: Zuwendung, Solidarität und Linderung seiner Schmerzen, seine fiktive Selbstbestimmung in den Mittelpunkt zu stellen, ist eine billige Ausrede, um sich dieser Verpflichtungen zu entziehen.

Zu den objektiven Gründen für die Wiederbelebung des Euthanasiegedankens [aktive Sterbehilfe] gehören die neuen Praktiken medizinischer Lebensverlängerung und die Explosion der Kosten. [...] Muss wirklich eine Achtundachtzigjährige, die eine Hirnblutung bekommen hat und ohnmächtig ist, zwei Tage vor ihrem Tod eine aufwändige Hirnoperation über sich ergehen lassen? Und muss die Solidargemeinschaft der Versicherten damit belastet werden? Das ärztliche Berufsethos muss angesichts der ständig wachsenden Möglichkeiten neue Kriterien des Normalen entwickeln, Kriterien für das, was wir kranken und alten Menschen an medizinischer Grundversorgung, an Zuwendung und an Pflege schulden, und für das, was abhängig gemacht werden muss von Alter, Heilungsaussicht und persönlichen Umständen. Wer jeden Verzicht auf den Einsatz äußerer Mittel als Tötung durch Unterlassen brandmarkt, der bereitet [...] den Weg für die „aktive Sterbehilfe", das heißt fürs Töten.

Die Hospizbewegung, nicht die Euthanasiebewegung ist die menschenwürdige Antwort auf unsere Situation. Die Kräfte der Phantasie und der Solidarität werden angesichts der gigantischen Probleme, die auf uns zukommen, nur mobilisiert werden, wenn der billige Ausweg unerbittlich verriegelt bleibt. Wo Sterben nicht als Teil des Lebens verstanden und kultiviert wird, da beginnt die Zivilisation des Todes.

(Quelle: Robert Spaemann: Euthanasie – der billige Ausweg. In: Stuttgarter Zeitung vom 26.10.2005.)

Info

Seit den 1980er-Jahren gibt es in Deutschland sogenannte Hospize, das sind Einrichtungen für Schwerstkranke und Sterbende. Hier geht es um fürsorgliche, individuelle Begleitung bis zum Lebensende. Neben stationären **Hospizen**, in denen die Patienten wohnen, gibt es auch ambulante Hospizdienste, die die Betroffenen zu Hause versorgen. Seit Ende der 1990er-Jahre gibt es in Deutschland auch Kinderhospize. **Palliativmedizin** bedeutet Betreuung Schwerstkranker, die nicht mehr geheilt werden können. Ziel ist eine weitgehende Linderung der Schmerzen sowie eine Verbesserung der Lebensqualität. Palliativstationen sind in Krankenhäuser integriert.

Aufgaben

1. **Erarbeite Singers Argumente für Sterbehilfe. Hältst du sie für überzeugend? Nenne Gründe.**
2. **Lies den Zeitungartikel von Spaemann. Stelle dir vor, du bist ein Anhänger Singers: Schreibe aus seiner Sicht einen Leserbrief, in dem du deine Position deutlich machst.**

© Verlag an der Ruhr | Autorin: Cordula Möller | ISBN 978-3-8346-2771-1 | www.verlagruhr.de

Rollenspiel: Aktive Sterbehilfe auch in Deutschland?

Soll die aktive Sterbehilfe auch in Deutschland erlaubt werden?

Moderator	**Hospiz-Mitarbeiter**
Die Frage nach der Legalisierung der aktiven Sterbehilfe ist nach wie vor aktuell, und du möchtest sie gerne mit Betroffenen und Experten diskutieren, die du in deine Talkshow eingeladen hast. Du hast dich über die verschiedenen Positionen deiner Gäste informiert und möchtest diese nun miteinander konfrontieren. Dein Publikum soll am Ende einen differenzierten Einblick in das Thema erhalten haben.	Du hast viel Erfahrung im Umgang mit Sterbenden und findest, dass auch das Ende im Hospiz ein menschenwürdiges ist. Ein liebevoller, vertrauter Umgang mit den Sterbenden verhindert oft den Wunsch nach einem künstlich herbeigeführten Ende. Mit den Mitteln der modernen Palliativmedizin können die Schmerzen zudem weitgehend gelindert werden. Deiner Meinung nach muss es zu dieser Art der Sterbebegleitung keine Alternative geben.
Philosoph	**Angehöriger**
Deiner Meinung nach hat jeder Mensch ein Recht auf Selbstbestimmung. Der Wille des Patienten und seine Autonomie sollten immer an erster Stelle stehen. Ein lange andauerndes Leiden verhindert ein menschenwürdiges Sterben. Du nimmst in Kauf, dass es zuweilen ärztliche Fehlentscheidungen geben kann, die zum Tod einiger Weniger führen.	Bei einem deiner älteren Verwandten wurde nach einem erfüllten Leben eine unheilbare Krankheit diagnostiziert. Momentan kann er nur noch mithilfe von starken Medikamenten schmerzfrei leben. Diese versetzen ihn aber in einen starken Dämmerzustand, den er ablehnt. Da er körperlich sehr schwach ist, würde er gerne, um zu sterben, die Hilfe eines Arztes in Anspruch nehmen.
Bischof	**Jurist**
Du bist fest der Meinung, dass nur Gott das Recht hat, über Leben und Tod zu entscheiden. Du hast Sorge, dass eine Legalisierung der Sterbehilfe dazu führen könnte, dass alte Menschen glauben, sie müssten sich töten lassen, um niemandem zur Last zu fallen. Zudem denkst du, dass die Sterbehilfe auch ökonomisch missbraucht werden könnte, z. B. um Kosten im Gesundheitswesen einzusparen.	Du befürwortest aktive Sterbehilfe, wenn einige Kriterien eingehalten werden, z. B.: der Wunsch des Patienten ist eindeutig; sein Zustand verursacht ihm andauerndes, unerträgliches körperliches oder seelisches Leid; es gibt keine Alternative zur Linderung des Leids; der Befund wurde von einem zweiten Arzt bestätigt. Du hältst es für notwendig, dass endlich ein klarer rechtlicher Rahmen geschaffen wird, um Missbrauch zu verhindern.

Aufgabe

Erarbeitet in der Klasse das Rollenspiel zum Thema Sterbehilfe

a) Verteilt die Rollen, jede sollte mehrfach besetzt sein.

b) Bereitet euch auf eure Rolle vor: Notiert hierfür stichpunktartig eure eigenen Argumente sowie mögliche Gegenargumente. Versucht, letztere zu entkräften.

c) Führt nun das Rollenspiel durch, indem für jede Rolle ein Spieler ausgewält und mit den anderen vor der Klasse diskutiert wird.

d) Diskutiert anschließend mit allen Teilnehmern, wie die einzelnen Argumente auf euch gewirkt haben und wie ihr die Frage nach der Legalisierung der aktiven Sterbehilfe abschließend beurteilen würdet.

Nahtod: schönes Erlebnis oder Täuschung? 1/2

Und dann ist da dieses Licht

Mein Körper liegt auf dem OP-Tisch, der Brustkorb ist geöffnet. Ich schwebe unter der Decke und sehe auf mich herunter. Die Chirurgen sagen: „Schneller, wir verlieren sie!" Ich empfinde nichts. Bin nur erstaunt. Und dann ist da dieses Licht. Es ist wunderschön. Plötzlich habe ich warmen, weichen Boden unter den nackten Füßen. Meine Großeltern kommen auf mich zu. Sie rufen „Tine!" und umarmen mich. Sie sind gestorben, bevor ich alt genug war, mich an sie zu erinnern. Ich muss also tot sein." – Das sind Christine Steins Erinnerungen an ihren Tod.
Am 22. April 2000 ist die damals 19-Jährige 23 Minuten lang klinisch tot – bis die Ärzte es schaffen, sie zu reanimieren. Was sie erlebt hat, nennt man Nahtoderfahrung.

(Quelle: Heike Gerhard: Ich war 23 Minuten tot. In: Jolie1/2009)

Hieronymus Bosch: Der Flug zum Himmel

Gustav Doré: Himmelsrose

Nahtod: schönes Erlebnis oder Täuschung? 2/2

Erklärungsversuche der Wissenschaft

Die meisten Ärzte glauben, dass diese Visionen durch biochemische Prozesse ausgelöst werden, die im Gehirn ablaufen, wenn ein Mensch stirbt. Der Bremer Hirnforscher G. Roth etwa hatte selber als junger Mann eine Nahtod-Erfahrung, als er mit seinem Auto an einem unbewachten Bahnübergang von einem Zug erfasst und viele Meter mitgeschleift wurde. Er sah sich in einem hellen Tunnel mit einem Licht am Ende, immer wieder raste ein Zug auf ihn zu. Roth verspürte dabei starke Euphorie, bezeichnete die Situation sogar als den „vielleicht glücklichsten Moment" seines Lebens. „Alle sogenannten Nahtod-Erfahrungen sind wissenschaftlich erklärbar und experimentell produzierbar. Es gibt daran nichts Rätselhaftes: Es handelt sich um Fehlfunktionen des Gehirns bei schwerem Sauerstoffmangel." Schweizer Forscher haben nachgewiesen, dass man bestimmte Nahtod-Phänomene sogar künstlich auslösen kann. Stimulierten die Wissenschaftler bei Probanden den oberen Schläfenlappen – jene Hirnregion, in der visuelle Informationen mit Tast- und Gleichgewichtseindrücken zusammengefügt werden –, hatten die Versuchspersonen das Empfinden, sie würden ihren Körper verlassen und von oben auf ihn schauen.
Den US-Spezialist für Lungen-und Intensivmedizin Sam Parnia überzeugt das nicht. Er hat Berichte von mehr als 500 Patienten mit Nahtod-Erfahrungen gesammelt. Für ihn werfen all diese Beobachtungen ebenso viele Fragen auf wie sie beantworten.

(nach: Ute Eberle: Ich war nie glücklicher, als während meines Todes. In: GeoWissen 51/2013, S. 132ff)

Info

Genaueres zu Sam Parnias Ansichten und Experimenten findest du unter
www.dradio.de/dkultur/sendungen/kritik/2257505/
www.pm-magazin.de/a/mysterium-nahtod

Michele Coltellini: Der Tod der Heiligen Jungfrau

Aufgaben

1. **Benenne Zusammenhänge zwischen den beiden Texten und den Bildern „Der Flug zum Himmel" (Hieronymus Bosch, um 1500), „Himmelsrose" (Gustave Doré, 19. Jh.) und dem „Tod der Heiligen Jungfrau" (Michele Coltellini, 16. Jh).**
2. **Erkläre, wie es nach Meinung vieler Wissenschaftler zu den beschriebenen Nahtoderlebnissen kommt.**
3. **Sollte man deiner Meinung nach Zeit und Geld in die Nahtoderforschung investieren? Begründe deinen Standpunkt.**

Ist Trauer notwendig? 1/3

Trauer – ein notwendiges Gefühl?

Stelle dir vor, dass die Menschheit in 300 Jahren auf einem weit entfernten, riesigen Planeten auf intelligente Lebewesen trifft. Du gehörst einer Expeditionsgruppe an, die den ersten Kontakt zu den Außerirdischen herstellen soll, um zu prüfen, ob die von Umweltkatastrophen bedrohten Erdenbewohner möglicherweise auf den Planeten umsiedeln könnten.
Auf den ersten Blick scheinen sich Menschen und Außerirdische sehr ähnlich zu sein und ihr werdet freundlich aufgenommen. Ihr verbringt mehrere Tage zusammen und oft kommt es wegen speziesbedingten Missverständnissen zu großem Gelächter. Nach einiger Zeit stirbt ein bedeutendes Mitglied des außerirdischen Empfangskomitees – zunächst fällt euch sein Verschwinden gar nicht auf, weil niemand darüber spricht. Auf besorgte Nachfragen einige Tage später, wird euch der Tod nüchtern bestätigt. So etwas wie Trauerfeiern, Beerdigungen, Trauerarbeit scheint es bei den Außerirdischen nicht zu geben. Du hakst nach und bald bestätigt sich deine erste Vermutung: Bei den Außerirdischen gibt es so etwas wie ein Gefühl der Trauer nicht. Du machst dir große Sorgen, ob ein Zusammenleben mit diesen Wesen für die Menschen möglich ist.

Info

Im **rotierenden Partnergespräch** könnt ihr euch in zufällig zusammengestellten Paaren zu einem Thema austauschen. Bildet dazu einen Innen- und einen Außenkreis aus gleich vielen Schülern. Jetzt stehen sich jeweils zwei Schüler gegenüber. Der Lehrer gibt nun eine Frage vor, und der Austausch beginnt. Ihr erhaltet ein Signal, wenn eure Gesprächszeit beendet ist. Nun geht der innere oder der äußere Kreis nach Vorgabe der Lehrkraft um mehrere Personen weiter, sodass ihr wieder einen neuen Gesprächspartner habt und euch wieder austauscht. Danach geht es zum nächsten Partner usw. Am Ende des gesamten Austausches solltet ihr eure Erfahrungen im Plenum besprechen.

Aufgaben

1. **Führe das Gedankenexperiment durch und überlege, welche Bedenken du hinsichtlich des Zusammenlebens haben könntest, und warum.**
2. **Klärt in einem rotierenden Partnergespräch (siehe Info) die Frage, inwiefern das Gefühl der Trauer für den Menschen wichtig ist.**

Ist Trauer notwendig? 2/3

Alfred Stevens: Trost

Trauer nach Plan

In den siebziger Jahren kam die Vorstellung auf, Trauer verlaufe in immer gleichen Phasen. Die Sterbeforscherin Elisabeth Kübler-Ross hatte diese Phasen bei Sterbenden entdeckt, man übertrug sie auf die Hinterbliebenen: Einer Zeit, in der man den Tod nicht wahrhaben will, folge ein Abschnitt, in dem die Emotionen durchbrechen, danach gehe es darum, die Realität zu akzeptieren und sich zu lösen, um schließlich mit dem Geschehen Frieden zu schließen und mit einer neuen Sicht auf sich selbst und die Welt wieder ins Leben zurückzukehren.

(Quelle: Eva-Maria Schnurr: Ein unzeitgemäßes Gefühl. In: Spiegel Wissen 4/2012, S. 36.)

Aufgabe

3. Diskutiert in der Klasse, ob und inwiefern die Einteilung der Trauer in bestimmte Phasen sinnvoll ist. Haltet eure Argumente schriftlich fest.

Info

Einen interessanten Artikel zur Geschichte der Trauerkleidung findest du unter www.morgenpost.de/familie/article1352812/Der-Jugendkult-blendet-den-Tod-aus.html

Ist Trauer notwendig? 3/3

Zeiten der Trauer

Auszug aus einem Interview mit dem Psychologen Hansjörg Znoj zum Thema Umgang mit der eigenen Trauer:

Wenn man den Schmerz schon nicht ignorieren sollte – lässt sich denn zumindest die Trauerzeit verkürzen?

Nein. Alles braucht seine Zeit, und die ist von Mensch zu Mensch sehr unterschiedlich. Gedanklich sind wir oft schon weiter, meinen den Verlust akzeptiert zu haben, aber emotional dauert es häufig doch länger. So hat etwa jeder Zweite, der seinen Ehepartner verloren hat, nach vier Jahren noch das Gefühl, nicht vom Schmerz befreit zu sein. Sogar 20 Jahre nach dem Verlust dachten befragte Personen noch fast wöchentlich an ihren Partner und setzten sich aktiv mit ihm auseinander, etwa indem sie mit ihm sprachen.

Wie lange „darf" heute eigentlich die Trauer um einen Angehörigen dauern, ab wann ist therapeutische Hilfe nötig?

Zugestanden von der Gesellschaft werden den Menschen zwischen drei und sechs Monaten. Das ist recht kurz. Meine Elterngeneration trug noch ein Jahr Trauer. Beim Mann war sie symbolisiert durch einen schwarzen Knopf am Revers, bei einer Frau durch ein schwarzes Überjäckchen oder Ähnliches. Man hat es aber auch akzeptiert, dass jemand seine Trauer ein Leben lang mit sich herumträgt. Heute ist man ungeduldiger: Bei Betroffenen wird mitunter schon nach zwei Monaten eine „andauernde Trauer" bescheinigt, um sie frühzeitig behandeln zu können. Im gerade erneuerten Klassifikationssystem für psychische Störungen ist „andauernde Trauer" zu einer offiziellen Diagnose geworden.

(Quelle: Hansjörg Znoj: Trauer ist der Preis für die Liebe. In: GeoWissen 51/2013, S.111.)

Aufgaben

4. **Fasse die wesentlichen Aussagen Znojs in eigenen Worten zusammen und beantworte aus seiner Perspektive folgende Interviewfrage: „Was halten Sie von den Trauerphasen nach Elisabeth Kübler-Ross?"**
5. **Überlege, welche Gründe es dafür geben könnte, dass wir heute ungeduldiger im Umgang mit der Trauer sind.**

*Konrad Paul Liessmann (*1953):*
Das Wissen um den eigenen Tod

Es gibt wohl kaum eine Erfahrung, die Menschen in ihrer Existenz so sehr berührt wie die der Endlichkeit. Der Mensch ist das einzige Tier, das weiß, dass es sterben muss. Und es gehört wohl zu den Grunderfahrungen des Menschen, dass er diese Endlichkeit nicht akzeptieren will. Die von fast allen Religionen angebotenen Unsterblichkeits- oder Wiedergeburtsperspektiven künden davon, wie auch die Bemühungen der Metaphysik[1], die Unsterblichkeit der Seele zu beweisen. Letztlich können alle Anstrengungen der Menschen, etwas zu tun, das ihr eigenes Leben überdauert (Nachkommenschaft, „unsterbliche" Werke der Kunst), als Versuche gedeutet werden, die eigene Begrenztheit und Endlichkeit zu überschreiten. Die Sehnsucht nach Ruhm war und ist eins der stärksten Indizien für das Bestreben der Menschen, ein Stückchen Unsterblichkeit zu erhaschen.
Unter den Bedingungen der modernen Welt haben sich die Strategien dafür gewandelt. Der religiöse Glaube an ein Weiterleben nach dem Tod hat seine Kraft verloren, die Versuche, eine unsterbliche Seele zu „beweisen", sind misslungen. Aber die Sehnsucht nach Ruhm ist geblieben, vielleicht sogar stärker geworden. Die modernen Medien machen es möglich, dass jeder für wenige Minuten berühmt sein kann (Andy Warhol). Ein kurzer Ruhm ist wie das Haschen nach einem Stückchen Bedeutsamkeit angesichts der ernüchternden Kontingenz[2] und Beliebigkeit des Daseins. Und auch was Künstler, Wissenschaftler, Sportler oder Politiker zu oft übermenschlichen Anstrengungen treibt, ist wohl nicht selten diese uralte Sehnsucht nach Ruhm. Wenn man der unerbittlichen Zeit schon nicht Herr werden kann, möchte man ihr vielleicht wenigstens für kurze Zeit seinen Stempel aufprägen.
Aber nur im flüchtigen Gedächtnis anderer nachzuleben, war und ist den Menschen zu wenig. Nur weniges fasziniert deshalb so sehr wie die Möglichkeit, durch den medizinischen Fortschritt das eigene Leben immer weiter zu verlängern – und vor allem die Versprechungen der modernen Biowissenschaften sind offenkundig an diesen Wunsch adressiert. Immer mehr Technologien werden entwickelt, um den Alterungsprozess aufzuhalten, vielleicht sogar umzukehren und so wenigstens den Traum von einer lang andauernden Jugend zu verwirklichen. Und nach wie vor ist der Wunsch virulent, dem Tod überhaupt ein Schnippchen schlagen zu können: Von den Versuchen, sich nach dem Ableben einfrieren zu lassen, um später einmal zum Leben wiedererweckt zu werden bis zu den abstrusen Hoffnungen, sich durch einen Klon von der Endlichkeit zu befreien [...]

(nach: http://typo3.p120806.mittwaldserver.info/fileadmin/webData/archiv/2003/index.html)

Aufgabe

1. **Erkläre den besonderen Unterschied zwischen Mensch und Tier nach Liessmann.**

[1] Metaphysik: Lehre von den letzten, nicht erfahr- u. erkennbaren Zusammenhängen des Seins
[2] Kontingenz: Zufälligkeit

Unsterblich sein 2/3

Der Traum von Dauer

Héctor Wittwer fasst die Gründe zusammen, die gegen den Wunsch nach Unsterblichkeit sprechen: Erstens verliert die Zeit für denjenigen, der unendlich viel Zeit hat, ihre Kostbarkeit. Es gibt nichts, was dringend wäre. Alles kann aufgeschoben werden. Zweitens verlieren Entscheidungen und Ergebnisse, die das Leben der Sterblichen entscheidend beeinflussen können, im Leben des Unsterblichen ihre Bedeutung. Für einen Sterblichen kann zum Beispiel der Ausgang einer Schlacht über das Gelingen oder Misslingen seines Lebens entscheiden. Drittens leidet er unter der ewigen Wiederholung des Gleichen. Menschen werden geboren, leben eine Weile und sterben dann. Auf das Frühjahr folgt der Sommer, dann der Herbst, dann der Winter und wieder das Frühjahr usw.

(Quelle: Héctor Wittwer: Philosophie des Todes. Reclam: Stuttgart 2009, S. 64f.)

EHER UNBEKANNTE, LETZTE OPTIMISTISCHE WORTE, VON STEFFAN G. LORENZ-MÜLLERHAGEN, SYSTEM-ADMINISTRATOR EINER EHER BEKANNTEN STUTTGARTER WERBEAGENTUR.

Aufgaben

2. **Beschreibe die Strategien der Menschen, die eigene Sterblichkeit akzeptabel zu gestalten.**
3. **Verfasse einen Kommentar aus der Perspektive Liessmanns zur Karikatur.**
4. **Führe folgendes Gedankenexperiment durch: Stelle dir vor, du erkennst bei einem Unfall, dass du als einziger unsterblich bist. Jahre vergehen, und um dich herum verändert sich die Welt. Beschreibe dein Leben zu Anfang sowie nach ungefähr 300 Jahren. Gehe dabei auch auf deine Gedanken und Gefühle ein. Tausche dich anschließend mit deinen Mitschülern über das Ergebnis aus.**

Tipp

Lies den Roman von Simone de Beauvoir: Alle Menschen sind sterblich. Rowohlt, 1970

Unsterblich sein 3/3

Jorge Luis Borges (1899–1986): Der Unsterbliche

Der Tod oder die Anspielung auf ihn macht die Menschen preziös[1] und pathetisch[2]. Das Bewegende an ihnen ist ihr gespenstischer Zustand; jede Handlung, die sie ausführen, kann die letzte sein; es gibt kein Gesicht, das nicht zu zerfließen bestimmt ist wie das Gesicht in einem Traum. Alles hat bei den Sterblichen den Wert des Unwiederbringlichen und des Gefährdeten. Bei den Unsterblichen dagegen ist jede Handlung (und jeder Gedanke) das Echo von anderen, die ihr in der Vergangenheit ohne ersichtlichen Grund vorangingen, oder zuverlässige Verheißung anderer, die sie in der Zukunft bis zum Taumel wiederholen werde. [...] Nichts kann nur ein einziges Mal geschehen, nichts ist preziös, gebrechlich.

(Quelle: Jorge Luis Borges: Der Unsterbliche. In: Ders.: Die Bibliothek von Babel. Reclam: Stuttgart 2006, S.16f.)

Info

Bei einem **Statement** geht es darum, den Zuhörern deine Position zu einem Thema präzise und nachvollziehbar zu präsentieren. Hierfür ist es hilfreich, folgende Schritte einzuhalten:

- Kurze Einführung in das Thema: Worum geht es überhaupt (z. B.: Problem der eigenen Sterblichkeit und ein möglicher Umgang damit)?
- Benennung der offenen Frage (z. B.: Sollte man die eigene Unsterblichkeit anstreben?).
- Nennung der eigenen Argumente (z. B.: Dafür/dagegen spricht ...).
- Fazit (z. B.: Aus den genannten Gründen sollte man ...).

Aufgaben

5. **Trage aus den Texten von Liessmann und Borges Argumente zusammen, die die Endlichkeit des Daseins als etwas Positives darstellen. Findest du Aspekte, die auch in deinem Gedankenexperiment (Aufgabe 4) vorkommen?**
6. **Verfasse ein kurzes Statement (s. Info) zu der Frage: Sollte man die eigene Unsterblichkeit anstreben?**

[1] preziös: kostbar
[2] pathetisch: feierlich

Den Tod überleben – jenseits von Unsterblichkeitsfantasien

Friedrich Rückert schrieb nach dem frühen Tod zweier seiner sechs Kinder über 400 Kindertotenlieder, um seine Trauer zu verarbeiten. Einige Lieder wurden von Gustav Mahler vertont.

Friedrich Rückert (1788–1866): Du bist ein Schatten am Tage

Du bist ein Schatten am Tage
und in der Nacht ein Licht;
du lebst in meiner Klage
und stirbst im Herzen nicht.
Wo ich mein Zelt aufschlage,
da wohnst du bei mir dicht;
du bist mein Schatten am Tage
und in der Nacht mein Licht.
Wo ich auch nach dir frage,
find' ich von dir Bericht,
du lebst in meiner Klage
und stirbst im Herzen nicht.
Du bist ein Schatten am Tage
und in der Nacht ein Licht;
du lebst in meiner Klage
und stirbst im Herzen nicht.

(Quelle: Friedrich Rückert: Kindertodtenliederbuch. Holzinger: Berlin 2013, S. 22)

Könnten wir also den Tod überwinden?
Jean-Marie Lehn: Wen?
Den Tod.
Jean-Marie Lehn: Es kommt drauf an, was Sie mit Tod meinen.

(Quelle: Roman Brinzanik, Tobias Hülswitt: Werden wir ewig leben? Gespräche über die Zukunft von Mensch und Technologie. Suhrkamp, 2010)

Die Hände meiner Mutter

Mein Vater starb, als ich elf Jahre alt war. [...] meine Mutter schrie und weinte wie ein ganzer Stamm Berberfrauen zusammen. Ich brauchte meine ganze Kraft, um sie zu beruhigen und dafür zu sorgen, dass nicht auch noch meine Mutter starb – nicht an einem Herzanfall wie mein Vater, sondern an einem gebrochenen Herzen. Ich hielt tagelang ihre Hand fest, da ich Angst hatte, dass auch sie noch weggehen würde. Neunundzwanzig Jahre später habe ich an ihrem Sterbebett gesessen, auch wieder mit ihrer Hand in der meinen. Sie wurde vierundachtzig Jahre alt, die Haut ihrer Hände war die einer alten Frau geworden, voller Leberflecken, dünn und gezeichnet. Aber es waren noch immer die Hände meiner Mutter, die ich unter Millionen anderer wiedererkennen würde. Erstaunlich ist es, dass, wenn ich die Hände meiner vierjährigen Tochter in meinen Händen halte, ich die Hände meiner Mutter sehe.
Die Hände meiner Tochter haben die gleiche Form, die gleiche Haut und verursachen genau die gleichen Wahrnehmungen, wenn ich sie gegen meine Lippen drücke wie damals die Hände meiner Mutter. Der Tod existiert nicht.

(Quelle: Leon de Winter: Die Hände meiner Mutter. In: Die Welt am Sonntag vom 24.06.2001.)

Aufgaben

1. a) **Erkläre, um welche Arten von Unsterblichkeit es bei Rückert und de Winter geht.**
   b) **Stellt Vermutungen auf, was der Chemiker Jean-Marie Lehn gemeint haben könnte.**
2. **Diskutiert die Aussage: „Der Tod existiert nicht."**

© Verlag an der Ruhr | Autorin: Cordula Möller | ISBN 978-3-8346-2771-1 | www.verlagruhr.de

Wünsche Sterbender 1/2

Wenn ich was bereue ...

Hätte ich nur ...

Die australische Palliativpflegerin Bronnie Ware (*1967) hat acht Jahre lang Todkranke gepflegt. In ihrem Buch „5 Dinge, die Sterbende am meisten bereuen" nennt sie als häufigste unerfüllte Wünsche:

Ich wünschte, ich hätte den Mut gehabt, mir selbst treu zu bleiben, statt so zu leben, wie andere es von mir erwarteten.

Ich wünschte, ich hätte nicht so viel gearbeitet.

Ich wünschte, ich hätte den Mut gehabt, meinen Gefühlen Ausdruck zu verleihen.

Ich wünschte, ich hätte den Kontakt zu meinen Freunden gehalten.

Ich wünschte, ich hätte mir mehr Freude gegönnt.

(Quelle: Anne Hähning: Protokoll des Lebens. Ich wünschte, ich hätte mir mehr Freude gegönnt. In: FAZ vom 15.04.2013.)

Aufgaben

1. **Überlege, was man am Ende des Lebens bereuen könnte. Versuche danach möglichst klar die Hauptaussage der Karikatur zu formulieren.**
2. **Findet gemeinsam Gründe, warum die oben aufgelisteten Wünsche vielen Sterbenden so wichtig erscheinen. Überlegt, was die Erfüllung dieser Wünsche manchmal verhindert.**
3. **Ziehe ein persönliches Fazit aus deinen Ergebnissen (Aufgabe 1 und 2) und formuliere es in Form eines Lebensmottos.**

Wünsche Sterbender 2/2

Beate Lakotta/Walter Schels: Noch mal leben vor dem Tod

Die Journalistin Beate Lakotta und der Fotograf Walter Schels haben in ihrem Projekt todkranke Menschen vor und nach ihrem Tod fotografiert. Entstanden sind Bilder, die so noch nie zu sehen waren und uns den Tod sehr nahe bringen. Einige kannst du im Internet betrachten: www.noch-mal-leben.de/h/. Im Besucherbuch (www.noch-mal-leben.de/uf/Besucherbuch.pdf) notieren Gäste ihre Eindrücke:

Mit diesen Bildern wird dem Sterben das Fürchterliche genommen. Sterben ist auch Erlösung, ewigliche Ruhe, Entkrampfung und nichts mehr zu müssen! Sich zu verabschieden vom Hier und Jetzt! Hinüberzugehen in eine unfassbare Sphäre in eine Welt ohne Zeit und Raum – in die Unendlichkeit.
V. D.

Ich finde es gut, den Menschen zu zeigen, was es heißt zu sterben. Auf den ersten Bildern sind die Menschen so angespannt. Auf dem zweiten sehen sie so friedlich aus und so glücklich. Was passiert nach dem Tod?
Lisa Machatschek, 12 Jahre

Sehr geehrte Organisatoren,
zutiefst betroffen, nachdenklich und voller Trauer verlasse ich diesen Wimpernschlag der einzelnen Schicksale. Sie haben gelungen und einfühlsam in dieser Schlichtheit dargestellt, wovor ich persönlich lieber fliehe. Dadurch wird mir jedoch wieder einmal bewusst, dass das Leben in max. 20 Zeilen zusammenfassbar ist und ich jede Zeile, die mir verbleibt, umso mehr wahrnehmen sollte.
Ich danke Ihnen.
O. Hallebe

Die sehen alle so entspannt aus, wenn sie tot sind.
Kiana, 7 Jahre

Vielen Dank für diese Ausstellung, sie reißt heraus aus unserer Spaßgesellschaft, die den Tod zu verbannen sucht. Ich bin dankbar, hier gewesen zu sein und hoffe, dass der Eindruck anhalten wird. Und wünsche jedem, der weinen kann, dass er sich nicht seiner Tränen schämen mag.
F. Johne, 21 Jahre

Der Tod gibt dem Leben seinen Wert. Was wäre Leben, wenn es nicht endlich wäre? Es erinnert daran, sofort mit dem Leben zu beginnen. Dies ist der Grund, warum wir heute als Frischverliebte die Ausstellung besuchten, denn Leben kann man nur einmal richtig. Vielen Dank für diesen Moment!
S. Solisch

(Quelle: Beate Lakotta/Walter Schels (Hrsg.) www.noch-mal-ueben.de/nf/Besucherbuch.pdf. Die Autoren der Einzelbeiträge sind anonym und daher nicht zu ermitteln. Die Hrsg. der Seite haben jedoch die Veröffentlichung freigegeben.)

Aufgaben

1. **Sieh dir die Fotografien im Internet sorgfältig an. Tauscht euch anschließend in Kleingruppen über eure Eindrücke aus. Vergleicht sie dann mit den Besucherbuch-Einträgen: Stimmt ihr allen Aussagen zu? Begründet eure Einschätzungen.**
2. **Erkläre, wie du den Titel des Projekts verstehst und inwiefern die Aussagen zu den Texten oben passen.**
3. **Nimm Stellung zum folgenden Besucherbuch-Eintrag: „Eine sehr beeindruckende Ausstellung. Aber ist es nicht Entwürdigung?" (F. Kuhl).**

Lernerfolgskontrolle

Philosophischer Essay zu einem Zitat

Ein Essay (engl.: Versuch) ist eine freie Textform, mit der du deine Einstellung zu einem Sachverhalt darlegen kannst. Suche dir unten ein Zitat aus, das dich zum Nachdenken anregt.

Nicht den Tod sollte man fürchten, sondern dass man nie beginnen wird, zu leben.
Marcus Aurelius

Jeder möchte lange leben, aber keiner will alt werden.
Jonathan Swift

Wer den Tod nicht fürchtet, achtet das Leben nicht.
Anonym

Der Gedanke an die Vergänglichkeit aller irdischen Dinge ist ein Quell unendlichen Leids – und ein Quell unendlichen Trostes!
Marie von Ebner-Eschenbach

Wer darüber klagt, dass jemand gestorben ist, klagt darüber, dass er ein Mensch gewesen ist.
Seneca

Wäre der Tod nicht, es würde keiner das Leben schätzen. Man hätte vielleicht nicht einmal einen Namen dafür.
Jakob Bosshart

Anleitung für die Niederschrift

1. Versuche, die Aussage des gewählten Zitats mit eigenen Worten möglichst genau zu formulieren.
2. Suche nach – durchaus auch widersprüchlichen – Positionen aus dem bisherigen Philosophieunterricht, die zu der Aussage passen. Ergänze diese Argumente durch eigene Erfahrungen. Halte deine bisherigen Ergebnisse in Stichpunkten fest.
3. Da der Essay eine sehr freie Textform ist, gibt es keine klaren Vorgaben für Einleitung, Hauptteil und Schluss. Der folgende Fragenkatalog kann dir aber beim Schreiben helfen:
   - Ist das Thema deines Essays klar benannt und kurz erklärt?
   - Hast du genügend Argumente (von Philosophen und eigene) verwendet, um deine Position zu stützen?
   - Hast du Beispiele zur Veranschaulichung benutzt?
   - Tauchen in deinem Essay Alternativpositionen auf, die ggf. von dir in Fragen gestellt werden?
   - Ziehst du am Ende aus der Darlegung deiner Gedanken eine Schlussfolgerung?

Medientipps

Altern

Birgit Jochens (Hrsg.)
Deutsche Weihnacht.
Ein Familienalbum 1900–1945.
Nicolai, 1996.
ISBN 978-3-87584-603-4

Ekkehard Martens
Lob des Alters.
Ein philosophisches Lesebuch.
Artemis und Winkler, 2011.
ISBN 978-3-538-07319-7

Odo Marquard
Endlichkeitsphilosophisches.
Über das Altern.
Reclam, 2013.
ISBN 978-3-15-020278-4

Sterben, Tod

Epikur
Philosophie der Freude.
Aus dem Altgriechischen von P. M. Laskowsky.
Insel, 2013.
ISBN 978-3-458-32757-8

Petra Gehring
Theorien des Todes zur Einführung.
Junius, 2013.
ISBN 978-3-88506-676-7

Geo Wissen
Vom guten Umgang mit dem Tod.
Nr. 51, 5/2013.

Daniel Keel/Isabelle Vonlanthen
Über den Tod.
Poetisches und Philosophisches.
Diogenes, 2008.
ISBN 978-3-257-23799-3

Beate Lakotta/Walter Schels
Noch mal leben vor dem Tod.
Wenn Menschen sterben.
DVA, 2004.
ISBN 978-3-421-05837-9

Karl Jaspers
Kleine Schule des philosophischen Denkens.
Piper, 2012.
ISBN 978-3-492-30018-6

Michel de Montaigne
Essais.
Aus dem Französischen von R.-R. Wuthenow.
Insel, 2001.
ISBN 978-3-458-34514-5

Seneca
Von der Kürze des Lebens
Aus dem Lateinischen von O. Apelt.
atv/C.H.Beck, 2005.
ISBN 978-3-423-34251-3

Peter Singer
Praktische Ethik.
Reclam, 2013.
ISBN 978-3-15-018919-1

Robert Spaemann
Euthanasie – der billige Ausweg:
http://catholic-church.org/ao/ps/euthanasie.html

Spiegel Wissen
Abschied nehmen.
Vom Umgang mit dem Sterben.
Heft 4/2012.
ASIN: B00ALXA20K

Leo Tolstoi
Der Tod des Iwan Iljitsch.
Aus dem Russischen von B. Heitkam.
Reclam, 2010.
ISBN 978-3-15-008980-4

Ernst Tugendhat
Über den Tod.
Suhrkamp, 2006.
ISBN 978-3-518-06859-5

Héctor Wittwer
Philosophie des Todes.
Reclam, 2009.
ISBN 978-3-15-020326-2